Die Kunst des Leer-

verkaufes

Wie Sie Ihr Portfolio vor Verlusten schützen

und

von fallenden Kursen profitieren können.

Die Pflichtlektüre zum Thema Leerverkauf für angehende und professionelle Investoren!

Inhaltsverzeichnis

Abbildungsverzeichnis

Disclaimer / Haftungsausschluss

Das vorliegende Taschenbuch dient ausschließlich Informationszwecken. Alle hier verwendeten Informationen, Daten oder Meinungen stammen aus Quellen, die das Autorenteam aus eigener, subjektiver Anschauung zum Zeitpunkt der Erstellung als zuverlässig, vertrauenswürdig und/oder angemessen erachtet habe.

Das Autorenteam übernimmt keine Gewähr für die Vollständigkeit, Korrektheit oder Qualität der vorliegenden Informationen. Hinsichtlich der Inhalte verknüpfter Webseiten Dritter übernehmen die Autoren und Herausgeber keine Haftung. Die Autoren und Herausgeber haben insoweit keinen Einfluss auf die Inhalte externer Webseiten Dritter und distanzieren sich von diesen, sollten diese nicht mehr ihrem ursprünglichen Inhalt zum Zeitpunkt der Fertigstellung (4.5.2017) dieser Publikation entsprechen.

Die Veränderungen der dieser Publikation zugrunde gelegten Daten können Einfluss auf die gemachten Einschätzungen, Prognosen oder Kursentwicklungen haben.

Die in dieser Publikation gemachten Aussagen stellen unter keinen Umständen eine Aufforderung zum Kauf oder Verkauf eines Wertpapiers, einer Option, von Optionsscheinen oder sonstigen Finanzinstrumenten dar. Die Studien, Kommentare, Einschätzungen, Meinungen, Darstellungen oder sonstige Angaben der Autoren entsprechen keiner Anlageberatung.

Jede Investition in Wertpapiere ist mit Risiken behaftet, die zum Teiloder Totalverlust führen können oder darüber hinaus. Käufe oder Verkäufe von Wertpapieren dürfen nicht auf Grundlage dieses Taschenbuchs gemacht werden. Investitionsentscheidungen sollten stets nach vorangegangener und eingehender Beratung durch einen zertifizierten und professionellen Anlageberater erfolgen. Grundsätzlich sollten Wertpapierkäufe nicht kreditfinanziert werden. Jeder Investor/in ist angehalten, vor dem Kauf eines Wertpapiers selbständig zu recherchieren und fachkundigen Rat einzuholen.

Nach § 34 des WpHG: Die Autoren halten zum Zeitpunkt der Veröffentlichung des Taschenbuchs keinerlei Aktien an den erwähnten Unternehmen. Dieser Tatbestand kann sich unter Umständen in Zukunft ändern.

Dieses Taschenbuch darf vom Bezieher/in nicht reproduziert oder an dritte Personen weitergegeben werden. Dieser Haftungsausschluss unterliegt dem Gesetz der Bundesrepublik Deutschland.

Impressum

© **Florian Homm, Hattersheim 2017**

Auflage 1

Herausgeber: DIE ZWEITE MEINUNG GmbH

Rückertweg 2

65795 Hattersheim (Hauptsitz)

Email: FH@diezweitemeinung.eu

Druck: Amazon Media EU S.à r.l., 5 Rue Plaetis, L-2338, Luxembourg

ISBN: 9781521247204

Vorwort

In meiner fast 30-jährigen Karriere als Finanzinvestor habe ich mich mit großem Erfolg einer Spezialität gewidmet, die nur von einer Minderheit an Investoren beherrscht wird: Leerverkäufe. Möglicherweise ist Ihnen der Begriff auch unter Baissespekulation oder *short selling* bekannt, gemeint ist stets das Spekulieren auf fallende Kurse. Der Leerverkauf ist bis heute eine „Marktlücke" und wird nur von den raffiniertesten Investoren erfolgreich angewandt. Angesichts der aktuellen Entwicklungen am Kapitalmarkt wird sich die Mühe für denjenigen oder diejenige, die diese Kunst beherrscht, definitiv auszahlen. Die aktuelle Marktlage begünstigt hervorragende Investitionsmöglichkeiten mit sehr guten Chancen-Risiko-Verhältnissen.

Dieses Buch ist in vier Kapitel geteilt. Kapitel 1 behandelt grundlegende Fragen zum Leerverkauf. Dazu gehören Gründe für die Anwendung dieser Technik, den Ablauf, die Risiken und ethische Fragen. Kapitel 2 beschreibt Vehikel, die benutzt werden können, um von fallenden Kursen zu profitieren. Außerdem werden psychologische Hürden behandelt, denen ein Leerverkäufer ausgesetzt ist. Aufgrund ihrer Relevanz wird aufgezeigt, inwieweit sogenannte *Black Swan Events* eine Rolle spielen bei der Spekulation auf fallende Kurse. Abschließend werden dem Leser quasi als Fortsetzung von Kapitel 1 Risikomanagement-Techniken in Kombination mit der Investmentphilosophie eines Leerverkäufers präsentiert. Kapitel 3 ist das theoretische Framework, um Short-Kandidaten zu identifizieren. Das letzte Kapitel ist die praktische Umsetzung, die sich auf die zuvor behandelten Themen stützt und diese umsetzt.

Der erfolgreiche Value Investor fokussiert sich auf wenig verschuldete Substanzwerte oder ertragsstarke und wachstumsorientierte Unternehmen. Der Leerverkäufer achtet wiederum auf Börsenwerte, die nach denselben Auswahlkriterien unattraktiv sind. Es geht beim Leerverkauf primär darum, Schwächen und Überbewertungen zu identifizieren. Dies sind oftmals Aktien mit einem extrem hohen Verschuldungsgrad, marginaler Profitabilität, minimaler Konkurrenzfähigkeit, schwacher Substanz und miserablen Gewinnmargen.

Um den Leerverkauf zu verstehen, muss man lernen, wie die erfolg-reichsten Investoren investieren. In anderen Worten bedeutet dies, Sie müssen wissen, wie man „long" geht, also welche Kriterien für ein erfolgreiches Investment entscheidend sind. Wir können Ihnen dazu zwei Links mit Büchern empfehlen, die von Profis geschrieben wur-den. Der erste Link ist eine Auswahl an Büchern in deutscher und der zweite in englischer Sprache:

* http://www.businessinsider.de/diese-16-buecher-muss-jeder-ge-lesen-haben-meint-warren-buffett-2016-4

* http://www.valuewalk.com/books/my-full-recommended-reading-list/

The Intelligent Investor von Benjamin Graham wird gemeinhin als Standardwerk für wertorientiertes Investieren gesehen. Leider gibt es zu der Thematik Baissespekulation kein Äquivalent, schon gar nicht in deutscher Sprache. Unsere Motivation mit diesem E-Book ist da-her, dem Privatanleger zu ermöglichen, von Bärenmärkten zu profi-tieren und somit in allen Marktlagen positive Erträge zu erwirtschaf-ten. Wir hoffen, es ist uns gelungen, Ihnen die zahlreichen Facetten des Leerverkaufes näherzubringen und klar verständlich zu erläu-tern.

Das Autorenteam, Februar 2017

1 Einführung

1.1 Wer sollte dieses Buch lesen?

Dieses Buch ist an eine Vielzahl an Leser gerichtet: Privatanleger, professionelle Investoren, (Wirtschafts-)Studenten, Professoren, Journalisten, Analysten, aber auch Interessierte, die sich für die Kunst des Leerverkaufes begeistern können. Dieses Buch ist keine theoretische Abhandlung, sondern vielmehr ein Handbuch mit starkem Praxisbezug. Sie werden Einblicke in den Kopf eines Baissespekulanten erhalten und dadurch wertvolle Analysetechniken erlernen, die Sie in dieser Form vermutlich an keiner Universität der Welt präsentiert bekommen. Wie jedes Buch sollten Sie die hier präsentierten Beispiele und Anweisungen kritisch hinterfragen und Ihren persönlichen Umständen anpassen. Da uns oft Anfragen von Anfängern mit kaum Wissen erreichen, werden dem einen oder anderen Leser Erklärungen als banal erscheinen. Um jedoch einer breiten Schicht an Menschen Leerverkäufe plausibel zu präsentieren, müssen wir dies hinnehmen.

Lange Zeit war der Leerverkauf nur einer kleinen Minderheit von „elitären" Marktteilnehmern wie zum Beispiel Hedgefonds zugänglich. Gewöhnliche Discountbroker boten Leerverkäufe gar nicht oder nur sehr umständlich an. Heute jedoch kann bereits der Kleinanleger vom Leerverkauf profitieren, sofern sein Broker ihm oder ihr diese Möglichkeit bietet. Ob Leerverkäufe zu Ihrem Anlagestil passen und sich das Auseinandersetzen mit dieser Thematik für Sie lohnt, lernen Sie in den folgenden zwei Kapiteln.

1.2   Was sind Leerverkäufe?

Der Leerverkauf (engl. *short sale*) ist im Prinzip nichts anderes als ein Mittel, um von fallenden Kursen zu profitieren. Um die Funktionsweise genauer zu verstehen, betrachten Sie folgendes fiktive Beispiel:

Nach einer wochenlangen Recherche kommen Sie zum Schluss, dass der Aktienkurs der SuperCredit AG (SC) aus zahlreichen Gründen nicht gerechtfertigt ist. Um von Ihrem umfänglichen Wissen über die Firma zu profitieren, entscheiden Sie sich, die Aktie leer zu verkaufen (engl. *shorting*). Sie leihen sich von Ihrer Depotbank oder Ihrem Broker Aktien der SuperCredit AG und verkaufen diese umgehend.

Nach einigen Wochen verkündet der CEO einen Gewinneinbruch und korrigiert die Prognose für das nächste Jahr drastisch nach unten. Einige Aktionäre sind entsetzt und stoßen die Aktien umgehend ab. Ihre Analyse war korrekt: der Kurs ist um über 20% gefallen. Sie kaufen dieselbe Anzahl an Aktien, die Sie sich ursprünglich geliehen haben, und geben Sie dem Verleiher zurück. Lassen Sie uns das eben genannte Beispiel mit Zahlen durchspielen:

Der Kurs des Unternehmens ist bei 100 Euro pro Aktie. Sie leihen Sich 500 Aktien und verkaufen diese sofort. Somit erhalten Sie 50.000 Euro auf Ihr Konto. In vielen Fällen können Sie jetzt mit diesem Geld arbeiten. Dies hängt jedoch von Ihrem Leihvertrag mit der Depotbank bzw. dem Broker ab. Auf jeden Fall haben Sie die Verpflichtung, diese Aktien zu einem späteren Zeitpunkt zurückzugeben.

Der Preis sinkt um 20%, also auf 80 Euro. Jetzt hat die Aktie ein Kursniveau erreicht, bei dem Sie ihren Profit realisieren wollen. Sie kaufen 500 Aktien zu einem Stückpreis von 80 Euro, also zu einem Kaufpreis von insgesamt 40.000 Euro. Die Leihe ist abgeschlossen, der Eigentümer erhält seine Aktien zurück. Verrechnen wir Ihren Profit aus dem

Verkauf mit den Kosten des Rückkaufs, erhalten Sie die Differenz von (+) 10.000 Euro, Ihren persönlichen Gewinn.[1]

Dies war ein erfolgreicher Leerverkauf. Natürlich kann dieser auch gegen Sie verlaufen, wie folgendes Beispiel zeigt: Sie leihen sich abermals 500 Aktien und verkaufen Sie zu je 100 Euro. Aufgrund von Meldungen über Gewinn- und Umsatzsteigerungen erhöht sich der Kurs auf 120 Euro. Sie müssen Ihre Position „glattstellen", also decken Sie sich ein bei einem Preis von 120 Euro. Ihr Verlust: 10.000 Euro.

Das Prinzip sollte nun klar sein: Der Leerverkäufer leiht sich bei seiner Depotbank ein Wertpapier, um es unmittelbar danach zu verkaufen. Zu einem späteren Zeitpunkt kauft der Short Seller – je nach Verlauf der Aktie idealerweise mit Gewinn – zurück und gibt sie dem ursprünglichen Verleiher wieder.

Durch die Leihe von Wertpapieren ergeben sich zahlreiche Möglichkeiten und Anlagestrategien. Während Leerverkäufe zum einen rein profitorientiert angewendet werden können, ist dieser Anlagestil häufig auch ein Mittel, um die Volatilität zu minimieren und sein Portfolio vor Markteinbrüche zu schützen (*hedging*). Das nächste Kapitel wird detaillierter darauf eingehen, warum Leerverkäufe Bestandteil Ihres Investmentstil sein sollten.

---

[1] Es handelt sich hierbei um ein stark vereinfachtes Beispiel. In der Realität kommen weitere Kosten und Risiken hinzu, die wir verständnishalber erst einmal außen vor gelassen haben. In späteren Kapiteln werden wir auf Details genauer eingehen.

1.3 Warum sollten Leerverkäufe ein Bestandteil des Investmentstils sein?

Kurz nach meinem MBA-Abschluss an der *Harvard Business School* verwaltete ich bei *Fidelity Investments* den *Fidelity Broadcast & Media Fund*, der zu dieser Zeit einer der schwankungsanfälligsten Fonds war (im Jargon spricht man hier von einem hohen Beta). Als der *Dow Jones* am 19. Oktober 1987, dem *Schwarzen Montag*, innerhalb eines Tages 22.6% an Wert verlor, befand sich die Finanzwelt in einem tiefen Schockzustand mit allgegenwärtiger Verunsicherung. Die Mehrheit der Bewertungen waren auf einem absurd hohen Level, sodass ich kurz vor dem Sturz zahlreiche Positionen abgestoßen und den Bargeldbestand auf über 40% erhöht habe. Das Resultat für das Gesamtjahr war immer noch ein Plus von 20%, während die vergleichbaren Indizes gegen einen Return von 0% tendierten. Damals hätte ich sehr gerne die vollkommen überteuerten Werte leerverkauft oder zumindest Put-Optionen erworben. Das war damals rechtlich nicht möglich. Die sehr hohe Bargeldquote war meine einzige Alternative, das Portfolio vor herben Verlusten zu schützen.

Nach dem Crash waren Aktientitel derartig günstig, dass ich kurze Zeit später voll investiert war. Meine Performance konnte sich sehen lassen: ein Plus von 35% im Jahr 1988. Zwar war das Resultat zu einem gewissen Grad dem Glück gedankt, allerdings erforderte dieses „Manöver" auch ein hohes Maß an Geschick und Können. Von mehr als 100 Investmentfonds bei *Fidelity* gehörte der *Broadcast & Media Fund* zu den besten und ich erhielt dafür 1988 die Auszeichnung *Top US Specialty Fund* von *Lipper Analytical Services*.

Zu dieser Zeit lernte ich, depressive Märkte aufgrund ihrer zahlreichen Chancen zu lieben und begann, mich für Leerverkäufe zu begeistern und auf sie zu spezialisieren. Wären Spekulationen auf fallende Kurse bei *Fidelity* möglich gewesen, wäre meine Performance aller Wahrscheinlichkeit weitaus höher ausgefallen.

Lektion 1: Wer die Kunst des Leerverkaufes meistert, wird sowohl in Bären- als auch in Bullenmärkten Profite erwirtschaften können.

Ich habe nie verstanden, wie meine Hedgefonds-Manager-Kollegen rechtfertigen, von ihren Investoren horrende Gebühren zu verlangen, während sie parallel eine miserable Performance liefern, vor allem in fallenden Märkten. Ich bin der Meinung, wer das Standard-Gebührenmodell 2/20[2] berechnet, sollte eine absolute Performance aufweisen und das in jeder Marktlage.

Ein weiterer Grund für das Anwenden von Leerverkäufen ist die Tatsache, dass sich die Performance in folgenden Bullenmärkten potenziell vervielfachen kann, da Sie Ihr Kapital in der vorangegangen Baisse nicht nur geschützt, sondern idealerweise vermehrt haben. Der Schlüssel zum langfristigem Anlageerfolg beruht nicht auf ausschließlich richtigen Entscheidungen, sondern auf der Fähigkeit, Fehler rasch zu erkennen und sich den Gegebenheiten des Marktes anzupassen. Agilität ist hier das Stichwort. Wer den Markt langfristig schlagen und eine absolute Performance, unabhängig von der Marktlage, liefern will, sollte seinen Fokus auf stetige Kapitalvermehrung (*capital growth*) und Risikomanagement (*risk management*) richten. Ganz entscheidend ist es, die Talfahrten an den Aktienbörsen zu vermeiden oder noch besser von ihnen zu profitieren. Der Benjamin Graham-Value-Investor macht das etwas anders. Wenn er keine günstigen Werte findet, verkauft er zunehmend sein Portfolio und baut Barbestände auf. Falls die Bewertungen wieder seinen Anforderungen genügen, erwirbt er die wieder günstig gewordenen Aktien und reduziert seine Barbestände.

Lektion 2: Leerverkäufe ermöglichen dem Anleger Schutz vor Verlusten (Kapitalerhaltung).

---

[2] Bei diesem Gebührenmodell verlangt der Fondsmanager eine *management fee* von 2% des gesamten Anlagevolumens und eine *performance fee* von 20% der Profite.

Sehen Sie sich primär als Value Investor, sollten Sie dennoch das Thema Short Selling nicht komplett abschreiben. Ihr Ziel ist es, wie Warren Buffett treffend formulierte, einen Dollar zu kaufen, aber nicht mehr als 50 Cent für ihn auszugeben. Denken Sie an mein Fidelity-Beispiel. Durch das Erhöhen des Bargeldanteils konnte ich einen großen Teil meines Kapitals erhalten und im Folgejahr auf „Schnäppchenjagd" gehen, wodurch meine Gesamtperformance sich nochmals verbesserte. Noch pointierter als Nathan Rothschild können wir es nicht formulieren: *Kaufe, wenn das Blut in den Straßen fließt.* Dies würden wir ergänzen und sagen: Verkaufen Sie, wenn die große Masse Schlange steht, um unbedingt irgendetwas zu erwerben, wie zum Beispiel Internet-Aktien im Jahr 2000 oder US-Immobilienwerte 2007.

Lektion 3: Durch Leerverkäufe steht mehr Kapital zum Investieren zur Verfügung, sei es durch Kapitalerhalt oder durch das Profitieren von fallenden Kursen.

Ein weiterer Vorteil ist die Tatsache, dass ein Kursverfall oder gar Crash wesentlich schneller von statten geht als ein Kursanstieg. Grund dafür ist, dass häufig in Fällen von Panik oder Manie die Marktteilnehmer zu überhasteten Entscheidungen tendieren und Aktien aus Angst verkaufen. Vereinzelt kommt es auch zu Kettenreaktionen, wenn automatisierte Trading Programme ab einem gewissen Verlust – z.B. von 20% – durch sogenannte Stop-Loss-Mechanismen automatisch Sell-Order abgeben. Dies führt oftmals zu weiteren Kursverlusten.

Lektion 4: Kurseinbrüche oder Marktcrashs arten häufig in Manie und Panik aus und enden in einem stärkeren Kurssturz – zu Gunsten des Short Sellers.

In unserem Bestseller „Endspiel" zeigen wir eine Vielzahl an Gründen auf, warum es mit hoher Wahrscheinlichkeit bis 2020 zu einer massiven Weltwirtschaftskrise kommen wird. In Anbetracht der jetzigen Lage und der Tatsache, dass der kommende Crash vermutlich Jahre andauern könnte, gewinnen Baissespekulation zunehmend an Wert.

Der Superzyklus kommt seinem Ende entgegen und dies mit fatalen Folgen. Mehr dazu in *Endspiel*.[3]

Lektion 5: Die aktuellen Entwicklungen am Kapitalmarkt machen Leerverkäufe besonders attraktiv.

Die fünf eben genannten Lektionen sollten für Sie verständlich sein. Wenn Sie jetzt skeptisch sind, können wir Sie verstehen. Wenn Leerverkäufe solch einen Mehrwert bieten, warum werden Sie nicht flächendeckend von Klein- bis Großanleger angewandt? Nur und immer short sein wäre schwachsinnig, denn langfristig entwickeln sich die Wirtschaft und der Gesamtmarkt positiv. Dauerskepsis und permanente Weltuntergangs-Prophetie ist genauso unlogisch wie blinde Euphorie. Der Baissier leidet zudem unter unbegrenzten Risiken, weil eine Aktie theoretisch endlos steigen kann, aber nur begrenzt fallen kann. Auch weist die Performance der *short-only* Fonds keine sonderlich attraktive langfristige Performance auf.

Als langjähriger Hedgefonds-Manager und Nostro-Händler geht es mir nur um Wahrscheinlichkeiten und das entscheidende Chancen-Risiko-Verhältnis. Aus Sicht der nächsten Jahre sind wir überzeugt, dass das Kurspotential an den wichtigsten Börsen deutlich geringer ist als das Kursrisiko. Deswegen fokussieren wir uns immer wieder auf überteuerte, extrem riskante Titel wie zum Beispiel die *Credit Suisse* und die *Deutsche Bank* im Jahr 2015, die sich trotz einer Aktienhausse im Folgejahr mehr als halbierten. Wenn der Gesamtmarkt in eine tiefe Depression verfallen sollte, dann kollabieren in der Regel mehr als 90 Prozent aller Börsentitel. In so einem Umfeld short zu sein, bedeutet oft sehr schnell verdientes Geld.

---

[3] Lesen Sie für eine ausführliche Analyse unser Buch *Endspiel – Wie Sie die Kernschmelze des Finanzsystem sicher überstehen*.

Im nächsten Kapitel behandeln wir Risiken und logische Defizite, die ein Short Seller meistern muss. Vorab eine (Ent-)Warnung: Lassen Sie sich nicht von der Menge erschrecken!

1.4 Welche Risiken und Defizite weisen Leerverkäufe auf?

Obwohl der Leerverkauf bereits seit weit mehr als 100 Jahren praktiziert wird, sind kaum Experten auf diesem Gebiet zu finden. Einer der Gründe ist, dass diese Anlagestrategie, auch psychologisch, wesentlich mehr Können und Geschick benötigt als klassische *buy-and-hold* Strategien. Zudem spielt das Timing (Eintritts- und Austrittspunkt) eine größere Rolle. Im Folgenden listen wir auf, welche allgemeinen Risiken ein Leerverkäufer kennen muss. Jede Industrie bzw. jeder Markt weisen zusätzlich Sonderrisiken auf, aber einige dieser Themen werden im späteren Verlauf des Buchs behandelt:

Short squeeze. Das mit Abstand größte und akuteste Risiko für den Shortseller ist ein short squeeze. Hierbei handelt es sich um eine Marktsituation, bei der der Kurs einer Aktie explosionsartig ansteigt und vor allem dann auftritt, wenn eine Vielzahl von Spekulanten einen Wert leer verkauft hat. Grund dafür ist die Angebotsknappheit einer Aktie.

Ein konkretes Beispiel für solch ein Szenario war die Volkswagen-Aktie Ende Oktober 2008. Porsche gab bekannt, dass man samt Optionen 74,1% von VW hielt. Die Leerverkäufer spekulierten auf fallende Kurse und shorteten insgesamt ca. 12% aller VW-Aktien. Da der Kurs von VW stieg, folgte ein Dominoeffekt: Die Leerverkäufer kauften Aktien zurück, die Kurse stiegen höher und weitere Leerverkäufer mussten Deckungskäufe tätigen. Das Resultat war fatal, da weniger als 6% der Aktien frei handelbar waren und die VW-Aktie dadurch innerhalb von wenigen Tagen von ca. 200 Euro auf etwa 1.000 Euro stieg (siehe Abbildung 1).

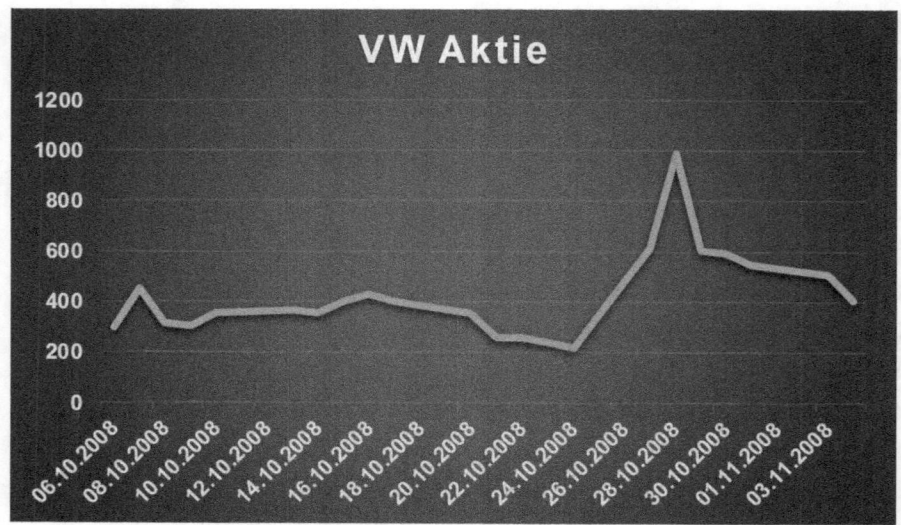

Abbildung 1: Kurs der VW-Aktie Ende Oktober 2008[4]

Der entsprechende Tagesumsatz stieg auf knapp 700.000 Stück am 28.10.2008. Dies bedeutete ein Umsatz allein in der VW Aktie von knapp 700 Mio €. Hier die entsprechende Abbildung 2.

---

[4] Quelle: *http://www.finanzen.net/aktien/Volkswagen-Aktie*

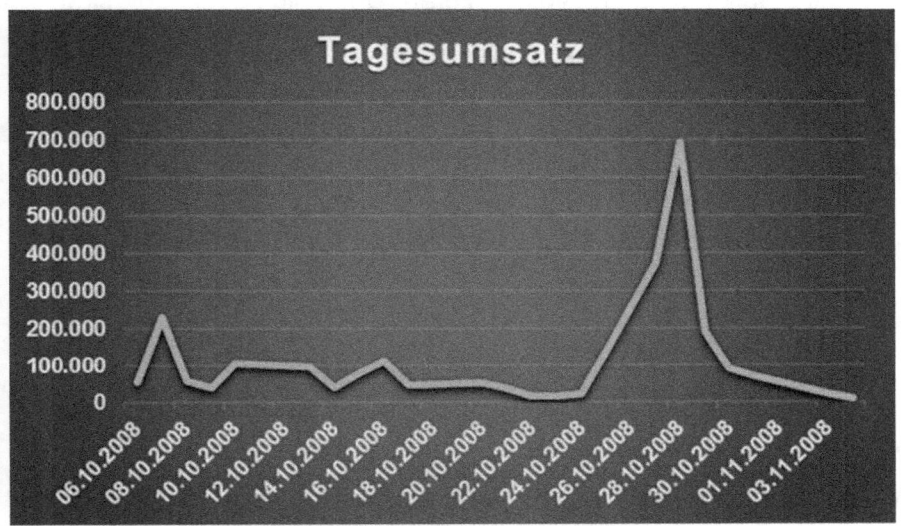

Abbildung 2: Tagesumsatz der VW-Aktie Ende Oktober 2008[5]

Unendlicher Verlust. Das eben genannte Beispiel resultierte in Milliardenverluste für die Shortseller. Was ursprünglich als lukrativer Trade angesehen wurde, endete in hohen Verlusten. Kaufen Sie eine Aktie, können Sie im Normalfall maximal Ihren kompletten Einsatz verlieren. Im Falle des Leerverkaufes ist dies nicht der Fall, denn die Aktie könnte – zumindest in der Theorie – unendlich lang steigen, aber „nur" 100% an Wert verlieren. Hätten Sie begonnen, die VW-Aktie bei 200 Euro leer zu verkaufen und beispielsweise bei 1.000 Euro glattgestellt, hätten Sie einen Verlust von 800 Euro pro Aktie, zuzüglich Gebühren. Daher: Achten Sie besonders bei Werten, die bei Shortsellern *en vogue* sind, auf Liquidität. Dieser Punkt ist vor

---

[5] Quelle: *http://www.finanzen.net/aktien/Volkswagen-Aktie*

allem psychologisch wichtig, denn ich habe mehr Aktien gesehen, die auf null gefallen sind als Aktien, die auf Unendlich gestiegen sind.[6]

Bid-Ask Spread. Es ist essentiell, dass der Shortseller alle Aspekte seines Trades genau beleuchtet. Dazu gehören auch vermeintlich „geringe" Kosten, die ggfs. die Profitabilität verringern. Schauen Sie sich folgende Abbildung 3 an.

Aktie	Kurs (EUR)	Bid (EUR)	Ask (EUR)
Tesla Motors	236,24	235,90 x 10.000	237,08 x 10.000

Abbildung 3: Kursdaten Tesla Motors

Wenn Sie eine Aktie leer verkaufen, verkaufen Sie diese an den Käufer zu einem Bid-Preis von 235,90 EUR für 10.000 Aktien. Da Sie – sofern der Kurs nicht auf 0 sinkt – die Aktien wieder dem ursprünglichen Besitzer zurückgeben müssen, kaufen Sie 10.000 Aktien zu einem Ask-Preis von 237,08 EUR. Die Differenz der beiden Werte ist der Profit des Market Makers, aber ein Kostenpunkt für Sie. Dazu kommen meistens noch Kommissionen bzw. die Maklercourtage. Ihr Leerverkauf ist erst dann erfolgreich, wenn der Kurs um mehr als die Kursdifferenz zuzüglich anderer Gebühren fällt. Daher: Beachten Sie den Bid-Ask-Spread, vor allem bei Titeln mit einer Marktkapitalisierung von unter 500 Millionen EUR oder Werten mit hoher Kurs-Volatilität.

---

[6] *Siehe dazu die Kapitel 2.2 Investmentdisziplin & 2.3 Psychologie.*

Margin Call. Je nach Verlauf des Trades kann es dazu kommen, dass der Broker Sie „bittet", Kapital nachzuschießen, um Margin-Anforderungen zu erfüllen oder im Falle eines höheren Verlustes, Ihre Position glattstellt. Für Details zum Margin-Konto lesen Sie das Kapitel 1.5.

Gebühren & Kommissionen. Wie im nächsten Kapitel erläutert, benötigen Sie für die Durchführung von Leerverkäufen in der Regel ein Margin-Konto. Ähnlich wie beim vorherigen Punkt, können auch hier signifikante Kosten entstehen, da variabel. Für jedes Geld, das Sie sich bei Ihrem Broker leihen, zahlen Sie Zinsen. Je nach aktueller Zinslage verändern sich die Ihnen berechneten Raten. Je höher der Soll-Saldo (*debit balance*), desto höher sind die Zinskosten. Zweiter Punkt: Ähnlich wie bei normalen Aktienkäufen zahlen Sie auch bei Leerverkäufen eine Kommission. Hierbei spielen mehrere Faktoren eine Rolle: Aktienkurs, Handelsvolumen und Anzahl der frei handelbaren Aktien. Ist eine Aktie von hohem „Short-Interesse" oder gering liquide, sind die Gebühren meistens höher. Abhängig von der Entwicklung Ihres Trades, besteht gegebenenfalls eine Nachschusspflicht. Die Höhe und der Zeitpunkt sind von vielerlei Kriterien abhängig, insbesondere von Ihrem Broker. Daher: Vergleichen Sie eine Vielzahl an Broker und lassen Sie sich genauestens beraten. Scheuen Sie sich nicht, unbequeme Fragen zu stellen. Die Wahl eines geeigneten Brokers ist essentiell und darf nicht unterschätzt werden, da eine Zwangsliquidierung aufgrund überlesener Fußnoten finanziell äußerst schmerzhaft wäre.

Dividendenzahlung. Vergessen Sie nicht, dass Sie leerverkaufte Aktien nicht besitzen. Sie haben daher auch keine Ansprüche auf Dividendenzahlungen – die Sie an den Verleiher zahlen müssen – oder Stimmrechte. Es ist daher von Vorteil, Aktien mit regelmäßiger Dividende zu vermeiden.

Priorität. Wird ein Unternehmen gemeinhin als angezählt angesehen oder ist das Short-Interesse hoch (z.B. Tesla oder Netflix), werden Privatanleger oftmals vernachlässigt. Nicht jeder Titel bietet genug

Raum für alle Shortseller. Daher: Seien Sie in solchen Fällen besonders vorsichtig, da Sie erstens oft der Gefahr eines Short Squeezes ausgesetzt sind und zweitens Ihr Broker – sofern Sie kein Top-Klient sind – seine besten Kunden mit der Ausstattung von Aktien bevorzugt.

Turnaround. Erfolgreiche Restrukturierungen sind zwar selten, kommen aber vor. In der Regel werden die meisten Unternehmen, die schlecht wirtschaften, noch einige Zeit künstlich am Leben gehalten. Bevor ein Phönix aus der Asche steigt, sollte der Short Seller daher schleunigst seine Aktienleihe tätigen.

Bullenmarkt. In einem Markt, der langfristig steigt, scheint der Leerverkauf kontra-intuitiv. Bedenken Sie aber, dass es seit Jahrhunderten regelmäßig zu Marktkorrekturen oder Crashs kommt, welche die vorangegangene Hausse und damit potenziell Ihr Vermögen in wenigen Tagen verschwinden lässt. Unabhängig davon kommt es in Bullenmärkten auch zu Ereignissen, die relativ unabhängig vom Marktumfeld sind. Man denke an einer der größten Unternehmensskandale im Jahre 2001, die Bilanzfälschung Enrons (ironischerweise als „The World's Greatest Company" tituliert).

Egal wie richtig Ihre Analyse ist, die Dotcom-Blase in den 90er Jahren ist ein Beweis dafür, dass beim Leerverkauf das Timing im Vergleich zu anderen Anlagestrategien eine wesentlich größere Rolle spielt. Sind Sie zu früh, ist das genauso wie wenn Sie falsch liegen. Es braucht mehr als eine überbewertete Aktie, um einen erfolgreichen Trade zu landen. Unterschätzen Sie die Märkte nicht und betrachten Sie das große Ganze. Der Aufstieg des Internets führte zu einem Paradigmenwechsel und einem „neuen Normal" (*New Normal*). In einem Bullenmarkt kann die utopische Goldgräberstimmung gerne länger anhalten: Selbst ein Truthahn fliegt bei starkem Wind.

Key Man Risiko. Das Silicon Valley hat in den letzten Jahren zahlreiche „Einhörner" (*Unicorns*) hervorgebracht, sprich Unternehmen mit einer Bewertung von einer Milliarde Dollar oder mehr. Wie im vorherigen Punkt erwähnt, sollte man bei aggressiven Bullenmärkten mit besonders viel Bedacht vorgehen. Dieses Prinzip lässt sich auch auf einzelne Unternehmen übertragen: Elon Musk, Gründer und Mitgründer von mehreren „Unicorns", genießt im Silicon Valley bei einer breiten Masse gewissermaßen den Status eines „Superstars". Dies wird oftmals von Shortsellern unterschätzt! Die Implikationen eines *Key Man* auf ein Unternehmen wie Tesla oder SpaceX sind besonders schwerwiegend. Selbstverständlich kann dies in beide Richtungen ausschlagen[7], allerdings halten wir Spekulationen gegen überbewertete Unicorns ohne weitere stichhaltige Argumente für wenig sinnvoll. Vor allem Aktien aus der „New Economy" sind volatil und reagieren empfindlich auf Ankündigungen jener Star-CEOs. Für Marketing-Genies à la Elon Musk sehr vorteilhaft, für Leerverkäufer fatal, da alleine die Meldung überraschend guter Quartalszahlen – unabhängig von einer rigorosen Überprüfung ihrer Richtigkeit – Sie aus Ihrem Trade herauswerfen könnten.

Buy-in. Ihr Broker darf Sie zwingen, Ihre Short-Position zu schließen. Dies geschieht häufig dann, wenn der Broker nicht genug Aktien zur Deckung der Leerverkäufer zur Verfügung hat. Um schwerwiegendere Konflikte zu vermeiden, werden bevorzugt weniger wichtige Kleinanleger zum Buy-in gezwungen anstelle von Top-Klienten (z.B. Hedgefonds).

In einer schweren Börsenkrise wie 2008 haben *Goldman Sachs* und *Morgan Stanley* die Margin-Anforderungen (*margin requirements*) einseitig für alle Kunden vom einen auf den anderen Tag erhöht.

---

[7] Nach meinem Weggang von Absolute Capital Management (ACMH) brach der Aktienkurs innerhalb eines Tages um mehr als 90% ein. Es ist äußerst unwahrscheinlich, dass die Verkündung eines neuen CEOs einen derartigen Kursanstieg auslöst, allerdings kann das Key-Man-Risiko dem Shortseller auch enorme Profite ermöglichen.

Viele Kunden hatten nicht das notwendige Kapital, um nachzuschiessen und die Anforderungen zu erfüllen. Die Konsequenz war, dass etliche Positionen zwangsliquidiert wurden.

Bandwagon-Effekt. Zeigt ein Sektor bzw. Unternehmen erste Schwächen, erhöht sich oftmals die Anzahl der Leerverkäufe gegen ein Unternehmen. Vor allem wenn Hedgefonds größere Aktienpakete auf den Markt werfen, kommt der Kurs unter Druck. Da allein das Bekanntwerden solcher Nachrichten sich teilweise signifikant auf den Aktienkurs auswirkt, schließen Hedgefonds ihre Positionen zügig. Je nach Liquidität und Handelsvolumen kann es zu nicht unerheblichen Preisschwankungen kommen. Seien Sie gewarnt: Was für kurze Zeit als Sieg gefeiert wird, kann rasch in Verluste umschlagen. Nehmen Sie Gewinne lieber mit, als Verluste durch ggfs. entstehende Short squeezes zu realisieren.

Nehmen wir den Kurssturz der Deutschen Bank innerhalb eines Jahres von 30 Euro auf zehn Euro. Bei zehn Euro bekamen wir ein Dutzend Anfragen von Investoren, ob sie jetzt die Deutsche Bank shorten sollten. Zu diesem Zeitpunkt gab es bereits eine Flut von schlechten Nachrichten, die bereits im Kurs enthalten waren. Wo waren diese Zocker bei den viel höheren Kursen? Wenn der Markt einen Konsens gebildet hat und fast alles Schlechte bereits im Kurs abgebildet ist, warum sollte man dann noch short gehen? Okay, die Deutsche Bank könnte auch zu Lehman Brothers mutieren, aber wie hoch war diese Chance kurzfristig? Vielleicht 20 Prozent. Andererseits kann sich der Kurs auch auf 15 Euro erholen. Wir fragten uns eher, ob das Chancen-Risiko-Verhältnis bei einem Kurs von zehn Euro nicht eher interessant für eine Long-Position wäre. Unseren Investment Coaching Kunden haben wir gesagt, dass das „smart money" gerade ihre Leerverkauf-Positionen eindeckt und dass gewisse Hedgefonds Aktien kaufen. Also entweder Finger weg, weil die Bank für uns zu undurchsichtig und riskant ist oder spekulativ kaufen.

Fusionen & Übernahmen. Fusionieren zwei Unternehmen oder übernimmt ein Unternehmen ein anderes, kommt es nach Bekanntwerden in den meisten Fällen zu Kursveränderungen für beide Parteien. Die Preisentwicklungen sind in der Regel wie folgt: Der Kurs des Bieters sinkt und der Kurs des Übernahmeziels steigt. Insbesondere Letzteres trifft zu, da der Käufer für das Übernahmeziel eine Prämie zahlt. Ein Beispiel: Bayer kaufte den Saatguthersteller Monsanto für 66 Milliarden Dollar, also zu einem Preis von 128 Dollar pro Aktie. Dies entspricht einer Prämie von 44% auf den Kurs von Monsanto. Daher: Achten Sie auf Industrien, in denen es aktuell zu Konsolidierungen kommt oder die allgemein erhöhte M&A Aktivitäten aufweisen. Pharma- und Biotechnologie-Unternehmen, die kurz vor der Zulassung etwaiger neuer Medikamente sind, bergen ein besonders hohes Risiko für einen Kurssprung.

Ein anderer Fall war KUKA. Die Aktie war bei 80 Euro aus fundamentaler Sicht mehr als fair bewertet, aber chinesische Investoren wollten das Unternehmen wortwörtlich um jeden Preis. Dies war ein Blutbad für Shortseller, weil die KUKA-Aktien in wenigen Tagen von 85 auf 110 Euro stieg.

Denken Sie immer daran, dass bei einer Long-Position temporäre Verluste – vor allem beim sogenannten Value Investing – nahezu irrelevant sind. Bei Leerverkäufen ist dies ein weiterer Risikopunkt: Steigt der Kurs einer Aktie temporär, erhöht sich die Gefahr eines Margin Calls.

Verbot von Leerverkäufen. Ein (temporäres) Verbot von Leerverkäufen für bestimmte Werte wie im Zuge der Finanzkrise 2008 kommt äußerst selten vor, ist aber theoretisch und praktisch möglich. In solchen Fällen geschehen häufig Kurssprünge, die Profite eliminieren und Ihnen ggfs. Verluste bescheren. Aus diesem Grund ist es äußert ratsam, das allgemeine Short-Interesse eines Wertes zu beachten und sich niemals in absoluter Sicherheit zu wägen.

Insolvenz des Brokers. Es kann vorkommen, dass Ihr Broker insolvent wird und seine Dienstleistungen komplett einstellt. Je nach Wahl des Brokers sind Teile Ihres Vermögens versichert. Von allen erwähnten Risiken und Defiziten ist dieser Aspekt wohl der seltenste.

Sprechen Sie dennoch mit Ihrem Broker über diese Eventualität. Dieses äußerst seltene Ereignis passierte einigen unserer Kunden, die Depots bei *Bear Sterns* und *Lehman Brothers* hatten.

Für institutionelle Anleger kommen zwei weitere Risiken hinzu:

Rechtskosten. Sollten Sie Ihre Short-Position öffentlich bewerben, könnten Sie gegebenenfalls Opfer von Klagen werden, die Ihnen vorwerfen, Kurse zu manipulieren. Beachten Sie daraus resultierende Kosten, vor allem wenn es sich um Positionen mit geringem Profipotenzial handelt.

Druck der Investoren. In manchen Fällen können Ihre Investoren Ihnen Probleme bereiten, vor allem wenn Short-Positionen gegen Sie verlaufen. Der US-amerikanische Hedgefondsmanager Jim Chanos wurde von seinen Investoren kurz vor dem Platzen der Dotcom-Blase gezwungen, seine Positionen glattzustellen. Äußert ärgerlich, da er wenige Monate danach ein Vermögen verdient hätte. Resultat: Ein Verlust von 75% seines Anlagevolumens.

.

Risiko	Bemerkung
Short squeeze	-
Verlustrisiko	-
Bid-Ask-Spread	Häufig bei Werten geringerer Liquidität; „Schwelle", die überschritten werden muss
Margin Call	-
Gebühren & Kommissionen	Je nach Verlauf des Trades ein zu berücksichtigender Faktor für Profite
Dividende	-
Priorität	-
Turnaround	-
Bullenmarkt	-
Key-Man-Risiko	-
Buy-In	-
Bandwagon-Effekt	Nicht selten verlaufen Leerverkäufe zu Beginn positiv, um dann in die andere Richtung zu schlagen (häufig bei aktiv beworbenen Positionen)
Fusionen & Übernahmen	-
Verbot	-
Insolvenz	-
Rechtskosten	Primär relevant für aktive „Bewerber" einer Short-Position
Investorendruck	Primär relevant für professionelle Investoren

Abbildung 4:Übersicht der Risiken und Defizite eines Leerverkaufs

Möglicherweise sind Sie geschockt von der Anzahl der Risiken und den Hürden, die ein Leerverkäufer überwinden muss. Gewissermaßen verständlich! Allerdings sollten Sie nun auch besser verstehen, warum es nur so wenige Investoren gibt, die Leerverkäufe langfristig erfolgreich anwenden konnten bzw. können. Es erfordert vor allem ein Höchstmaß an Disziplin und Präzision, um einen erfolgreichen Leerverkauf durchzuführen. In einem langfristig steigenden Markt wird jeder durchschnittliche Gymnasiast Geld verdienen können. Wer dies aber auch in schwachen Wirtschaftsphasen von sich behaupten kann, ist ein echter Profi.

Verstehen Sie: Sehr viel Übung und Können ist notwendig, um mit Leerverkäufen erfolgreich zu sein. Der Fleiß wird sich garantiert auszahlen. Wäre ich heute noch aktiv in der Vermögensverwaltung tätig, würde ich zur Höchstform auflaufen. Die Parallelen zum 1929er Crash werden immer offensichtlicher. Die Trump-Manie erinnert uns an die Herbert Hoover-Manie. Alle wesentlichen und verlässlichen Bewertungsparameter stehen auf Orange oder Rot. Es ist auch ziemlich egal, ob die Short-Positionen zwei oder drei Jahre dauern sollten. Solange meine Leihkosten nicht zu hoch sind, können Sie Schrottwerte shorten und ein qualitativ hochwertiges Portfolio von Value-Aktien gegenüberstellen. Wenn die Krise eintritt, fallen die Schrottwerte ohnehin sehr viel mehr als die Investment-Perlen. Momentan erachten wir ein Verhältnis zwischen 40 Prozent Long und 60 Prozent Short für angemessen.

1.5   Was benötige ich für Leerverkäufe?

Zwingend notwendig für Leerverkäufe ist das sogenannte Margin-Konto oder ein Margin-Account, der einen dazu befähigt, Aktien auf Kredit zu erwerben oder zu shorten. Die Bedingungen und Konditionen für solch ein Konto variieren je nach Wahl des Brokers. Das Margin-Konto unterliegt strengen Vorschriften (*margin rules*). Die sogenannte Margin-Ratio ist hierbei besonders wichtig, da der Prozentsatz darüber entscheidet, ob Sie Ihre Position covern müssen, Geld nachschießen oder der Broker die Position gleich zwangsliquidiert. Die Margin-Ratio reicht von 30%-100% und ist abhängig von Broker und Risiko des Wertpapiers. Da die Margin-Ratios sehr unterschiedlich sein können, empfehlen wir Ihnen, sich vorab gründlich zu informieren! Anders als bei Buy-and-Hold-Strategien spielen Preisschwankungen eine essentielle Rolle. Außerdem sollte der Broker Ihnen ermöglichen, Short-Positionen längerfristig zu halten und nicht nur ein paar Handelstage.

Jeder Broker hat außerdem eine eigene Liste an Werten, die geshortet werden können. Es gilt, je liquider ein Wert desto mehr Aktien sind zum Shorten verfügbar. Informieren Sie sich, ob bestimmte Werte verfügbar sind, wenn Sie diese als besonders wichtig erachten.

Bei der Aktienleihe müssen sie sehr genau auf alle Modalitäten und Kosten achten. Wichtige Fragen sind unter anderem:

* Wieviel kostet mich die Aktienleihe pro Jahr?

* Kann die Depotbank die Leihe jeder Zeit kündigen?

* Wieviel Kapital muss ich für diese Leihe hinterlegen?

* Muss ich die Aktienleihe mit Bargeld oder anderen Wertpapieren vollumfänglich (das bedeutet im Gegenwert von 50.000 Euro) hinterlegen, oder reichen auch 10.000 oder 20.000 Euro als Sicherheit?

* Wie hoch sind meine Transaktionskosten im Einzelnen und insgesamt?

* Gibt es weitere Kosten, wie zum Beispiel FOREX Gebühren, wenn ich in einer anderen Währung leer verkaufe?

* Rechnet sich der Leerverkauf noch, wenn ich alle diese Kosten in Betracht ziehe?

Falls die Aktienleihe nicht vollumfänglich mit Bargeld oder werthaltigen, liquiden und leihbaren Wertschriften hinterlegt ist, zahlen Sie auf den Differenzbetrag Zinsen. Diese Art von Leihe beinhaltet auch eine inhärente Hebelwirkung (*leverage*). Das bedeutet, dass Ihre Verluste größer werden, wenn die Aktie steigt und ihre Gewinne größer werden, wenn die Aktie fällt. Falls Sie mit *Leverage* arbeiten wollen, müssen Sie wissen, bei welchem Verlust ein Margin Call eintreten wird. Ein Margin Call bedeutet, dass die Depotbank bzw. der Broker mehr Sicherheiten für diese Transaktion einfordert. Dies bedeutet in der Regel, dass Sie der Depotbank bzw. dem Broker mehr Kapital zukommen lassen müssen.

Falls das Unternehmen während der Zeit der Aktienleihe eine Dividende zahlt, steht diese dem Eigentümer und nicht dem Leerverkäufer der Aktien zu. Für diese Dividende sind daher Sie verantwortlich und Sie zahlen! Das kann bei hohen Dividenden sowie bei Sonderdividenden teuer werden.

Aus heutiger Sicht sind die beiden einzigen Broker, die für den deutschen Investor in Frage kommen, *CapTrader* oder *Interactive Brokers*.

* https://www.captrader.com/de/

* https://www.interactivebrokers.com/de/home.php

Wir sprechen hier weder eine Empfehlung aus, noch genießen wir irgendeinen Vorteil dadurch, dass wir diese beiden Broker erwähnen. Wir empfehlen Ihnen, Ihre eigenen Hausaufgaben zu machen und die Kosten und Dienstleistungen beider Gesellschaften genauestens zu prüfen. Eines ist klar: Wir kennen viele sehr professionelle Investoren, die mit diesen Gruppen zusammenarbeiten. Eine praktische Umsetzung von Leerverkäufen mit den Tools werden wir noch dieses Jahr in einem E-Paper umsetzen.

1.6 Sind Leerverkäufe moralisch verwerflich?

Zweck dieses Buchs ist nicht, eine philosophische Abhandlung über die Ethik des Leerverkaufes zu schreiben. Wir maßen uns auch nicht an, Moral und Ethik absolut zu definieren und allgemein geltend zu machen. Leerverkäufe haben gemeinhin einen schlechten Ruf. Einige Kritikpunkte sind gerechtfertigt, einige andere übertrieben oder gänzlich falsch. Sind Sie Leerverkäufen gegenüber negativ gestimmt, wird dieser Teil Sie wohl kaum umstimmen. Dennoch, wir werden nun einige Perspektiven kurz veranschaulichen und überlassen Ihnen die Entscheidung.

Fakt ist, dass gedeckte Leerverkäufe unter bestimmten Voraussetzungen eine Bereicherung für Märkte sind. So wird durch Short Selling der Markt „organisch" reguliert und eine Blasenbildung verhindert. Marode Unternehmen mit betrügerischen Geschäftspraktiken werden so eliminiert – man denke an weiße Blutkörperchen. Gewissermaßen agieren Hedgefonds als verlängerter Arm der *BaFin* oder *SEC*, indem Sie äußerst gründliche Recherche betreiben und so – nicht gänzlich uneigennützig – Leichen im Keller an die Öffentlichkeit bringen. Aufsichtsbehörden haben oftmals nicht die notwendigen Kapazitäten, um solch umfassende Recherchen durchzuführen.

Durch „Shorties" erhöht sich außerdem die Liquidität im Markt, wodurch die allgemeine Volatilität sinkt. Im Zuge der Finanzkrise gewährte die *SEC* einigen Market Makern sogar das Recht, Leerverkäufe weiterhin durchzuführen, um die Liquidität dieser Werte zu erhöhen. So werden Preise in Schach gehalten und eine gewisse Preisstabilität ermöglicht.

Gewinner von Leerverkäufen sind idealerweise Sie (durch Profite) und ihre Depotbank (durch Gebühren). Aktionäre von Unternehmen, die erfolgreich leerverkauft wurden, gehen oftmals im wahrsten Sinne des Wortes „leer" aus und sind die Verlierer. Dies wird häufig als Hauptgrund angeführt, warum Short Selling ethisch fragwürdig sein soll. Nun ist es aber so, dass die meisten Short-Positionen meist aufgrund betrügerischer oder hochriskanter Praktiken erfolgreich sind:

Enron, Allied Capital, Lehman Brothers, Bremer Vulkan oder andere Firmen. Das Ironische ist, dass es für jede gekaufte Aktie einen Verkäufer geben muss: Sind Sie von einer Aktie überzeugt, glauben Sie, diese entwickelt sich positiv. Der Verkäufer vermutet eine Überbewertung oder keine positive Entwicklung, also nehmen Käufer und Verkäufer gegensätzliche Positionen ein. Folgt man dieser Argumentationskette, dürfte man keine Aktie verkaufen, da der Verkäufer – theoretisch – dem Käufer überteuerte Ware verkauft.

Wir bitten Sie, nur eine Sache zu bedenken. Wenn an den Märkten aufgrund von massiven Zins- und Geldmengen-Manipulationen Kurse nach oben schießen, dann sollten Sie nicht zu den Opfern dieser makropolitischen Maßnahmen gehören, wenn diese Kurse eines Tages dramatisch einbrechen sollten.

Einerlei – es ist allein Ihnen überlassen, sich über die Ethik des Leerverkaufes Gedanken zu machen und zu schlussfolgern, was das Richtige ist. Wir hoffen, dass dieses kurze Kapitel einen Überblick über die wichtigsten Gesichtspunkte gewährt hat.

2   Die Mechanismen des Leerverkaufes

2.1   Profitieren von fallenden Kursen – Leerverkäufe, inverse ETFs und Derivate

Es gibt eine Vielzahl an Finanzinstrumenten, um von fallenden Kursen zu profitieren. Zwei unserer Favoriten sind inverse ETFs und Leerverkäufe. Letztere wurden bereits hinreichend erläutert, deswegen konzentrieren wir uns auf inverse ETFs. Ein *Exchange Traded Fund* (ETF) ist ein börsengehandelter Fonds, der in der Regel einen Index wie den DAX oder S&P 500 abbildet. Steigt zum Beispiel der DAX um einen Prozent, so tut dies auch der ETF. Es gibt jedoch auch den sogenannten inversen ETF, der das Gegenteil des Index abbildet. Dies bedeutet, dass eine Kursentwicklung von +1% im DAX in einem Wertverlust von -1% des ETF resultiert. Fällt der DAX aber um 1%, dann steigt der Wert des ETFs um 1%. Je nach ETF werden diese auch gehebelt, sodass das Fallen vom Dax um 1% einen Wertzuwachs des ETFs von 2% bedeutet.

Ein besonderes Merkmal bei inversen ETFs ist jedoch die sogenannte Pfadabhängigkeit. Nehmen wir einen gewöhnlichen Long ETF, der einen beliebigen Index abbildet, zum Beispiel den DAX und einen inversen oder Short ETF. Beide ETFs haben zu Beginn den Wert 500. Am ersten Handelstag steigt der Index um 5%, also hat der Long ETF nun einen Wert von 525 und der Short ETF 475. Am zweiten Handelstag erreicht der Index wieder den Wert 500, also ein Rückgang von rund 4.76%. Der Short ETF wird im Wert steigen (+4.76%), allerdings nicht auf den Wert 500 kommen, denn er ist zuvor auf 475 reduziert worden. Ein Anstieg um 4.76% resultiert in einem Wert von rund 497.6. Bei diesem Beispiel handelt es sich um einen Zeitraum von zwei Handelstagen und daher um überschaubare Differenzen. Je länger jedoch der Zeitraum, desto größer ist die Diskrepanz zwischen eigentlicher Entwicklung des Index und Entwicklung des Short ETFs.

Unsere Favoriten, um von fallenden Kursen zu profitieren, sind Leerverkäufe und inverse ETFs. Es gibt jedoch noch eine Vielzahl anderer

Finanzinstrumente wie CFDs (Differenzkontrakt), Futures (Termin-kontrakt) und andere Derivate. Der größte „Nachteil" bei Futures für den Privatanleger sind die sehr großen Kontraktgrößen. Der Wert eines Terminkontrakts auf den DAX beträgt zum Beispiel 25 Euro pro Index-Punkt. Bei einem Wert von 10.000 entspricht dies 250.000 Euro. Dadurch, dass Sie auch hier Sicherheitsmargen hinterlegen müssen, können schon Kosten im fünfstelligen Bereich für einen einzigen Kontrakt entstehen. Interessant sind die sehr geringen Kosten bei Futures -Kontrakten. Hier entsteht ein Preis ohne Market Maker, also keine klassische Preisspanne zwischen Geld und Brief. Nicht alle Futures haben einen so hohen Kontrakt- Gegenwert wie der Bund oder DASX Future. Weil der Kapitaleinsatz gelegentlich sehr hoch sein kann, sind Futures eher für den betuchten, professionellen Privatanleger geeignet.

Eine spannende Alternative sind sogenannte CFDs. Es handelt sich hierbei um derivative Finanzprodukte, die die Kursentwicklung von Aktien, Devisen, Indizes, Futures oder Rohstoffe abbilden. CFDs können mit und ohne Hebel gehandelt werden und haben dadurch nicht nur ein Totalverlustrisiko, sondern auch eine Nachschusspflicht. Anders als bei Futures ist die Kontraktgröße geringer und dadurch auch dem Privatanleger zugänglich.

Beim CFD auf eine Aktie sind Sie nicht der Besitzer einer Aktie, sondern Inhaber eine Forderung. Dies hat den Vorteil, dass Sie nicht nur Long (kaufen Sie einen CFD), sondern auch Short (verkaufen Sie einen CFD) gehen können. Ein weiterer Vorteil gegenüber Futures ist die unbegrenzte Laufzeit (Ausnahme: CFDs auf Futures). Dies beinhaltet dennoch Kosten für Sie, wenn Sie Ihre Positionen zum Beispiel für einen längeren Zeitraum halten. Auch hier gibt es von Broker zu Broker Unterschiede. Ein maßgeblicher Grund, warum für einige Anleger CFDs besonders attraktiv wirken, ist die Hebelwirkung:

	Aktie	Aktien-CFD	Index-CFD
Hebel	1	10	100
Margin (in %)	100	10	1
Kapitaleinsatz (EUR)	1.000	1.000	1.000
Kapital (mit Hebel)	1.000	10.000	100.000
Gewinn (EUR)	20	200	2.000

Abbildung 5: Entwicklung von CFDs bei einem Verlust des Basiswerts um 2%

In der Spalte „Aktie" handelt es sich um einen gewöhnlichen Aktien-Leerverkauf. Die Aktie verliert um 2% an Wert und Sie machen daher einen Gewinn von 20 Euro. Verkaufen Sie einen CFD-Kontrakt und der Basiswert (z. B einer Aktie) fällt um 2%, ist Ihr Gewinn 200 Euro. Der ursprüngliche Wert des CFDs ist 10.000 (inklusive Hebel). Er verliert 2% an Wert, also ist er nur noch 9.800 Wert. Zwar sinkt der Wert des CFDs, aber Sie haben durch den Verkauf dieses Kontrakts eine Short-Position eingenommen und Ihren Gewinn durch den Hebel von 10 verzehnfacht. Dasselbe Prinzip gilt beim Index-CFD, nur hier ist der Hebel 100 und der Gewinn hat sich verhundertfacht.

Selbstverständlich können Spielchen mit Hebel auch gegen Sie verlaufen. Wäre im eben genannten Beispiel der Basiswert um denselben Prozentsatz gestiegen, hätte sich Ihr Verlust vervielfacht. Der Hebel ist ein Spiel mit dem Feuer und sollte daher nur äußerst bedacht eingesetzt werden.

All die bereits erwähnten Produkte setzen einen hohen Grad an Know-How und eine durchdachte Risikomanagement-Disziplin voraus. Für Anleger mit „Waffenschein" könnten vor allem Put-Optionen eine hervorragende Möglichkeit sein, um ihr Portfolio gegen sogenannte Tail Risks zu schützen oder sehr hohe Gewinne einzufahren. Allerdings entsprechen diese Vehikel weder unserem Anlagestil noch -horizont. Wir schließen Put Optionen nicht kategorisch aus, allerdings sind wir nicht bereit, sehr hohe Prämien für unsere Positionen zu zahlen. Die Kurse für Put- und Call-Optionen werden nicht nur durch Angebot und Nachfrage ermittelt, sondern basieren auf relativ komplexen Bewertungsmethoden wie dem Black-Scholes-Model. Allgemein gilt, dass das Pricing einer Option auf der aktuellen und historischen Volatilität des unterliegenden Werts basiert. Wenn eine Aktie sehr volatil ist, wird die Option über den Verlauf seiner Lebensdauer mit starken inhärenten Kosten belastet. Diese können leicht 40 Prozent betragen. Das bedeutet, dass der Zeitwert Ihrer Option um 40 Prozent fällt, wenn der Kurs sich nicht bewegt. Allgemein gilt, dass circa 90 Prozent der erworbenen Optionen wertlos verfallen. Andererseits ist der Hebeleffekt bei gewissen Optionen und Optionsscheinen zwanzigmal und höher als bei einem ungehebelten Leerverkauf. Das bedeutet, wenn Sie ausnahmsweise mal bei ihrer Einschätzung richtig liegen und das Timing perfekt ist, Ihnen vielleicht sensationelle Gewinne winken. Aber darauf verlassen können Sie sich nicht, weil der Market Maker Ihnen einfach die notwendige Liquidität verwehrt oder Preise stellt, die in keiner Weise berechtigt sind.

Einige professionelle Trader, die ich schätze, halten Ausschau nach kurzfristigen Put-Optionen (weniger als sechs Monaten), die keinen Hebel haben und bei denen der Strike Price sehr nah am Aktienkurs liegt. Falls der Kurssturz der Aktie noch nicht in der erwarteten Zeitspanne eingetreten ist, dann schichten viele Trader die Put-Option bei Ablauf in eine ähnliche Put-Option um. In der Regel sind die jährlichen Kosten dieser Put-Optionen deutlich geringer als bei längerfristigen out-of-the money Optionen mit hohem Hebel. Der Profi-Trader vergleicht dann die Kosten dieser Put-Option mit den Kosten einer vergleichbaren Leerverkauf-Transaktion und entscheidet sich für die liquideste und kostengünstigste Variante.

Ich war jahrelang als Options- und Derivate-Experte durch die amerikanische Aufsichtsbehörde legitimiert und verstehe einiges von dieser Thematik. Trotzdem ist dies ein Casino, in dem meistens nur der Betreiber verdient. Wollen Sie sich das wirklich antun? Leerverkäufe ermöglichen außerdem das Halten von Positionen über einen längeren Zeitraum mit überschaubaren Kosten. Auch sogenannte Knock-Out Scheine oder Zertifikate begrenzen sicherlich das Risiko eines Totalverlusts und einer Nachschusspflicht, sind aber so strukturiert, dass Sie in der Laufzeit der Option mit hoher Wahrscheinlichkeit finanziell ausgeknockt werden und Ihr eingesetztes Kapital verlieren. In der Regel sind die jährlichen Kosten für eine gewöhnliche Aktienleihe zwischen zwei und fünf Prozent und demnach weitaus günstiger als Kosten von 30 Prozent bei Optionen im selben Zeitraum.

2.2 Investmentdisziplin

Ihr Ziel könnte sein, ein Portfolio zu entwickeln, das unabhängig von der Marktlage sowohl bei steigenden und fallenden Kursen eine positive und absolute Performance aufweist. Um dies zu erreichen, müssen Sie einige essentielle Regeln verinnerlichen, die allgemeingültig sind.

Die erste Regel lautet, dass Sie niemals ein Wertpapier auf Empfehlung kaufen, solange Sie das Chancen-Risiko-Verhältnis nicht eigenständig verifiziert haben. Das minimale Verhältnis sollte 2-1 sein, besser 3-1 und idealerweise 5-1 oder mehr. Im ersteren Fall bedeutet dies, Sie riskieren einen Euro, um zwei Euro zu erwirtschaften. Im zweiten Fall riskieren Sie ebenfalls einen Euro, allerdings mit der Möglichkeit, drei Euro zu erwirtschaften und so weiter. In anderen Worten bedeutet ein Chancen-Risiko-Verhältnis von 5-1, dass Sie in 80% der Fälle falsch liegen können und dennoch gewinnen, wenn Sie in 20% der Fälle im Recht sind. Es versteht sich daher: Je besser ein Chancen-Risiko-Verhältnis, desto attraktiver ist ein Investment.

Ich habe im Laufe meiner Karriere eine Strategie entwickelt, die bis heute leider nur von sehr wenigen Investoren konsequent und diszipliniert angewandt wird, die *Competitive Verification*. Es handelt sich hierbei – in Anlehnung an Michael Porters *Competitive Advantage* – um überlegene Recherche-Methoden, bei der nicht nur Informationen von Firmenchefs und Investment-Publikationen gesammelt werden, sondern von einer Vielzahl von Marktteilnehmern: Frühere und aktuelle Mitarbeiter, Konkurrenten, Zulieferer, Kunden, Aufsichtsräte, Universitäten, Gläubiger, Handels- und Industrieverbände und je nach Bereich viele andere Personen und Instanzen. Auskünfte vom Management sind oftmals einseitig und leiden unter dem *Agency*

Problem. Competitive Verification ist daher eine Möglichkeit, sich gegenüber anderen Marktteilnehmern entscheidende legale Informationsvorsprünge zu verschaffen.

Wir sind der Meinung, um wirklich erfolgreich Geld anzulegen, ist eine breite Streuung nicht sinnvoll. Wir bevorzugen ein konzentriertes Portfolio mit geringer Streuung, aber ausreichend diversifiziert, um massive Verluste zu vermeiden. Dies bedeutet, dass eine Position niemals größer als 20% sein sollte (und bei 20% sollte diese Position besser überragend sein) und nicht kleiner als 5%. Zwischen fünf und zwanzig Positionen sind erstrebenswert, je nach Qualität der einzelnen Investments. Sowohl bei Short- als auch Long-Positionen sollte jede Position ab 20% Kursverlust geschlossen werden (*Stop Loss*).

Oft stellt sich die Frage, ob man eine Short-Position aufstocken sollte, die gegen einen läuft. Wenn Sie einen analytischen Vorteil haben und sich Ihrer Sache sehr sicher sind, kann man das machen. Allerdings sollten Sie nicht weniger als fünf Positionen halten und dadurch alles auf eine oder zwei Karten setzen. Als Mittfünfziger bin ich immer noch ein Fan von konzentrierten Portfolios mit nicht mehr als zwanzig Kernwerten (*core position*), bei denen ich wirklich weiß, warum ich long oder short bin. Ergo bin ich mir sicher, dass ich mehr weiß als der Großteil der Marktteilnehmer. Das liegt aber auch an meinem Alter und Risikoprofil. Als aufstrebender junger Investor hielt ich nie mehr als fünf Aktien, am besten nur drei. Falls meine Ideen nicht absolut überzeugend waren, hielt ich Cash, bis sich eine vielversprechende Situation ergab. Sollte man sich bei so wenigen Werten bei Kursverlusten verbilligen (*average down*)? Eher nicht, sonst mutiert der Profi-Investor zum Casino-Zocker. Generell gilt: *Be disciplined. Do not get greedy. Cut your losses and protect your capital and let your profits run.* (Seien Sie diszipliniert. Schützen Sie Ihr Kapital (durch Stop Loss) und lassen Sie Ihre Gewinne laufen.)

Es gibt zwei weitere Hinweise, die wir als enorm wichtig erachten. Sicherlich kennen alle die Stop-Loss-Order (SLO). Aber wie wichtig ist es, bereits bestehende Gewinne sicherzustellen? Das nennen wir die Lock-in-Profit-Order (LPO). Ich kaufe Fielmann Aktien bei 50 Euro mit einem Kursziel von 70. Ich sehe mein Kursrisiko bei 40 Euro. Das ergibt ein Chancen-Risiko-Verhältnis von 2:1. Die Aktie steigt auf 65 Euro und fällt dann wieder auf 50 Euro zurück: nichts gewesen außer Spesen. Die richtige Strategie wäre eine Lock-in-Profit-Order bei 60 Euro. Das bedeutet, wenn der Kurs 60 Euro unterschreitet, verkaufen Sie und sichern sich circa 10 Euro Gewinn. Übrigens, ist Ihnen aufgefallen, dass Fielmann Aktien bei einem Kurs von 60 Euro ein unattraktives Chancen Risiko Verhältnis haben? In diesem Beispiel ist das Chancen-Risiko-Verhältnis für Fielmann Aktien (60 Euro) viel schlechter als bei 50 Euro. Sollte ich die Fielmann-Position nicht bei 60 Euro zumindest halbieren? Die Antwortet lautet: Selbstverständlich, weil mein Chancen-Risiko-Verhältnis bei diesem Kurs unattraktiv ist. Und wenn Sie jetzt wieder auf Cash sitzen, dann suchen Sie nach neuen Kauf- oder Leerverkauf-Gelegenheiten mit einem attraktiven CRV. Generell gilt, an Gewinnmitnahmen stirbt kein Mensch, aber am ewigen *average down* und undiszipliniertem Trading viele! Übrigens, in der Finanzwelt ist Hoffnung keine Strategie.

In vielen Fällen ist nichts die richtige Option, vor allem wenn die Chancen-Risiko-Verhältnisse schwammig sind. Ich investiere in der Regel nur dann, wenn ich mir im Klaren darüber bin, warum ich eine Aktie kaufe oder eine andere leer verkaufe. Denken Sie daran, dass einer der Hauptziele die Erhaltung von Kapital ist und gezwungene Investments nicht zielführend sind. Bei Ihrer Portfolio Struktur sollten Sie immer darauf achten, wie long oder wie short Sie positioniert sind und mit welchem Hebel (der Wert ihrer Long und Short Position geteilt durch Ihr Anlagekapital). Insgesamt halte ich sehr wenig von stark gehebelten Investment Portfolios („*too much leverage is too risky*"). Stetige Gewinne und Dividenden, exzellentes Stock-Picking, geringe Transaktionskosten, Verlustvermeidung bzw. die Fähigkeit, in schwachen Märkten Geld zu verdienen, gehören zu den wichtigsten Faktoren für exzellente, langfristige und risikoadjustierte Performance. Um einen Verlust von 50% aufzuholen, muss ein Portfolio um 100% steigen. Deswegen achten Sie bitte auf Ihr Risikoprofil. Achten

Sie auf ein Mindestmaß an Diversifizierung. Sie müssen auch verstehen, dass Ihr Kapital durch Stop-Loss-Disziplin geschützt werden muss, damit Sie weiterhin mit dem Rohstoff Geld arbeiten können.

2.3 Psychologie

Als Leerverkäufer müssen Sie einen starken Magen für Volatilität und kurzzeitige Verluste haben. Börsen steigen über einen langfristigen Zeitraum und das Sentiment im Markt ist überwiegend positiv. Keynes sagte, die Märkte sind länger irrational als Sie solvent bleiben können. Ein sehr wichtiges Statement, denn selbst wenn Sie einen vermeintlich brillanten Short-Kandidaten finden, kann es Monate, wenn nicht Jahre dauern, bis der Markt dies realisiert. Es ist daher von höchster Bedeutung, Auslöser oder Events zu identifizieren, die den Prozess beschleunigen. Es gibt eine Vielzahl von diesen, die entweder das Unternehmen selbst, den Sektor oder den Gesamtmarkt betreffen.

Außer in Bärenmärkten schwimmen Sie stets gegen den Strom und das ist kontraintuitiv. Sie müssen daher konträr denken und sämtliche Fakten auf den Prüfstand stellen. Die Mehrheit der Anleger vertraut auf Aussagen des Managements (*Agency Problem*) oder Analyseberichte. Das Herdendenken ist ein weiteres Risiko für den Short Seller, da resultierende Kursentwicklungen oftmals fundamental nicht gerechtfertigt, sondern rein markttechnisch basiert sind. Übertreibung, Panik oder Euphorie sind die Natur der Märkte und führen oftmals zu kurzzeitigen Kursentwicklungen, die den emotionalen Short Seller an seinen Positionen verzweifeln lässt. Es ist daher ratsam, sich ausschließlich auf Unternehmen zu konzentrieren, die von einem fundamentalen Problem oder gar mehreren bedroht sind.

Als Privatanleger ist Ihnen ein Tool fast gänzlich verwehrt: Das aktive Bewerben Ihrer Position. Marketing ist ein hervorragendes Mittel, das vor allem bei US-amerikanischen Investoren beliebt ist, um auf Missstände in Unternehmen aufmerksam zu machen. Mir wurde etliche Male bei großen Short-Positionen wie MLP, WCM und Bremer Vulkan „aktive Sterbehilfe" vorgeworfen. Die Unternehmen hatten sich ausnahmslos selber heruntergewirtschaftet und in einigen Fällen viel zu liberal bilanziert. Ich habe „nur" auf diese Missstände hingewiesen.

Bei der Bekanntmachung von Short-Positionen von renommierten Investoren kommt es daher oft zu einem Fall der Kurse und dies aus rein psychologischer Sicht. Zwar haben Sie nicht denselben Bekanntheitsgrad wie jene Investoren von „Weltrang", allerdings können Sie in Medien wie *wallstreet:online* oder *Seeking Alpha* mit anderen Anlegern Ihre Positionen diskutieren und Ideen austauschen. Bedenken Sie dabei, Ihre Positionen – sofern dies zutrifft – offenzulegen und sich an die Regeln der jeweiligen Foren zu halten, um nicht Opfer sinnloser Rechtsstreitigkeiten zu werden.

2.4 Black Swans als Chance oder Risiko

Mit seinem internationalen Bestseller The Black Swan hat Nassim Nicholas Taleb einer Begrifflichkeit, weit über die Finanzwelt hinaus, zur Salonfähigkeit verholfen: Der „Schwarze Schwan". Es handelt sich bei Schwarzen Schwänen um äußerst unwahrscheinliche Ereignisse, die jedoch eintreten können und komplett unerwartet waren. Beispiele hierfür sind das Internet, die Terroranschläge vom 11. September 2001 oder das Attentat auf Franz Ferdinand 1914 samt Folgen. Streng genommen sind Black Swan Events per Definition nicht vorhersehbar, allerdings werden Ereignisse wie die Finanzkrise ab 2007 auch als Schwarzer Schwan bezeichnet. Eine erweiterte Definition ist daher auch: Ereignisse, die von einer großen Menge unvorhergesehen waren. Einige nennen solche Geschehnisse „Grauer Schwan".

Sicherlich fragen Sie sich, warum solche Events in diesem Buch thematisiert werden. Schwarze Schwäne tauchen in unregelmäßigen Abständen immer wieder auf, ob wirtschaftlicher, (geo-)politischer oder gar biologischer Natur. Ihre Konsequenzen sind so weitreichend, dass ihr Vorkommen für Short Seller von höchster Relevanz ist. Hierzu möchten wir zwei Beispiele anführen, zum einen die Wahl von US-Präsident Donald Trump und den *Brexit*.

2.4.1 Die Wahl des US-Präsidenten Donald Trump - Risiko

Im Vorfeld der US-Wahlen wurde Donald Trump von der Mehrheit der Medien dämonisiert und gemeinhin als Außenseiter angesehen. Einen ernsthaften Wahlerfolg hat ihm kein Mainstreammedium so wirklich zugetraut. Auch sogenannte „Meinungsforscher" sahen Hillary Clinton als klare Favoritin, trotz des Brexits als „Warnschuss" gegen das Establishment. Für uns war Trump von Beginn an ein reelles Risiko (siehe Endspiel), wenn auch nicht so schwerwiegend wie der *Brexit*. Seine populistischen Aussagen sollten kritisch betrachtet werden, denn wie heißt es so schön: Es wird nichts so heiß gegessen, wie es gekocht wird.

Hillary Clinton war bei der Mehrheit der Wall Street die favorisierte Kandidatin. Der Grund ist simpel, denn ihre Entscheidungen wären berechenbar gewesen. Trump hingegen ist der Cowboy und seine Entscheidungen wurden als unvorhersehbar bewertet. In anderen Worten: Trumps Entscheidungen bedeuten Unsicherheit und Märkte hassen Volatilität. Schauen wir uns die wesentlichen Entwicklungen an[8]:

---

[8] *Es handelt sich hierbei um eine „Momentaufnahme" mit zwischenzeitlichen Werten, die sich im Verlauf des Handelstags geändert haben. Die Werte in Klammern sind negativ.*

Wert	Veränderung in %
DAX	(2.9)
Euro / US-Dollar	2.5
Nikkei 225	(5.4)
Dow Jones	(2.0)
Mexikanischer Peso	(12.0)
Gold	4.0

Abbildung 6: Kapitalmarktentwicklung nach US-Wahl

Die Entwicklungen am Kapitalmarkt waren vorhersehbar. Gold, Yen und Euro als „sichere Häfen" haben kurzfristig an Wert gewonnen. Die größten Verlierer waren der Nikkei und vor allem der Mexikanische Peso. Anhand des Wahlkampfes ließ sich eine Trading-Strategie einfach rekonstruieren. Trump drohte oftmals mit dem Bau einer Mauer, für die die Mexikaner aufkommen würden. Außerdem drohte er mit protektionistischen Maßnahmen durch Zölle, um Dumping entgegenzuwirken. Unter diesen Gesichtspunkten sind die Kursentwicklungen plausibel gewesen. Es kam zu Kursverlusten, die aber innerhalb weniger Handelstage in die andere Richtung umschlugen. Viele Shorties, die auf einen Crash spekulierten, haben ihre Leerverkäufe eingedeckt, einige mit geringen Profiten, andere mit Verlusten. Wo aber war der „Crash"?

Ein „Blutbad" oder Untergang der Börse wie von einigen Medien befürchtet, ist gänzlich ausgeblieben. Dies lässt sich logisch begründen, denn Trump hat mitunter wirtschaftsfreundliche Pläne. Dazu gehören geringere Steuern, Investitionen in Billionenhöhe, erhöhte Staatsausgaben und Deregulierung. Wir werden nicht auf jedes Wahlkampfversprechen eingehen, allerdings sind die eben genannten Themen zentraler Bestandteil von Trumps Wahlkampf gewesen. Wie im vorherigen Kapitel beschrieben, handelt es sich bei Kapitalmarktentwicklungen nicht immer um fundamentale und rationale Entwicklungen. Oft sind panische Entscheidungen, die zu Kettenreaktionen führen, unbegründet. Auch hier war die kurzzeitige Untergangsstimmung nicht gerechtfertigt und maßlos übertrieben. Die von Trump versprochenen Reformen signalisierten einen kurzzeitigen Wirtschaftsaufschwung, auch wenn wir fest davon überzeugt sind, dass die Trump-Euphorie ein jähes Ende finden wird. Einige seiner Versprechungen sind nicht praktikabel und einige andere bergen ein erhebliches Risiko. So könnten protektionistische Maßnahmen vor allem gegen China in einen Handelskrieg ausarten. Was bedeuten diese Entwicklungen für den Short Seller? Kurzfristig war die Wahl eine Chance (Baisse), die sich zu einem Risiko (Hausse) entwickelte. Mit Höchstwerten bei Börsenbewertungen haben sich die Chancen-Risiko-Verhältnisse allerdings zugunsten des Leerverkäufers entwickelt. Das Risiko eines Crash steigt mittelfristig und birgt erhebliches Renditepotenzial.

2.4.2   Brexit - Chance

Der Brexit war streng genommen kein Schwarzer Schwan, eher dunkelgrau, denn ein Ausstieg aus der EU war durchaus realistisch, wenn auch unerwartet. Wie im Beispiel Trump gilt auch hier, dass Märkte Unsicherheit verabscheuen. Von dieser Unsicherheit konnte der Leerverkäufer profitieren und das sogar mit besseren Chancen-Risiko-Verhältnissen als bei der Wahl des US-Präsidenten. Aber schauen wir uns die konkreten Kursveränderungen an:

Wert	Veränderung in %
DAX	(10.0)
US-Dollar / Pfund	11.0
FTSE 100	(8.0)
Nikkei 225	(8.0)
Yen / Pfund	8.2
Gold	8.0

Abbildung 7: Kapitalmarktentwicklungen nach Brexit

Der Austritt Großbritanniens aus der EU kam für viele überraschend, viel mehr noch als die Wahl Trumps. Dementsprechend waren die Kursentwicklungen heftiger, wie Tabelle 4 zeigt. Aber auch hier sind die Kursveränderungen plausibel: Der Pfund hat gegenüber dem US-Dollar massiv an Wert verloren, die „Krisenwährung" Gold hat ca. 8% zugelegt, ebenso wie der japanische Yen. Ein erstarkter Yen wirkt sich negativ auf asiatische Exporteure aus, weshalb der Nikkei um ca. 8% fiel. Der wichtigste britische Aktienindex FTSE 100 verlor mehr als 8% an Wert, insbesondere Bankenwerte litten unter dem Brexit.

Knapp ein Jahr danach befinden sich die meisten Werte auf dem Vorkrisenniveau und Anleger haben sich vom kurzzeitigen Schreck erholt. Wer sich vor dem Brexit richtig positioniert hat und gegen den allgemein erwarteten Ausgang gewettet hat, dürfte ansehnliche Gewinnen erwirtschaftet haben. Durch den Brexit ergaben sich aber auch Opportunitäten für Value-Investoren, insbesondere bei britischen Aktientiteln.

2.4.3   Antizipation & Positionierung

Geopolitische Entscheidungen haben großen Einfluss auf Märkte, auch wenn diese von Anlegern oftmals fundamental überbewertet werden. In der Szene sagt man, politische Börsen haben kurze Beine. Entscheidend ist oftmals die Wahrnehmung, vor allem in kurzfristigen Kursbewegungen. Profitieren Sie von diesen. Der Brexit und die Wahl des US-Präsidenten sind gute Beispiele, um kurzfristig von Panik und Übertreibung zu profitieren. Ereignisse mit solchen Auswirkungen sind manchmal vorhersehbar (z.B. Brexit), manchmal jedoch gänzlich überraschend (z.B. Terroranschläge). Handelt es sich wie beim Brexit um Graue Schwäne, ist es empfehlenswert, sich dementsprechend zu positionieren und Kursentwicklungen zu antizipieren. Solche Trades sind natürlich nicht gänzlich ohne Risiko, allerdings ist das Chancen-Risiko-Verhältnis Ihnen opportun. Nach dem EU-Referendum verlor das Pfund gegenüber dem US-Dollar ca. 11%

an Wert. Wie wäre aber die Kursentwicklung beim Verbleib? Sicherlich nicht eine Steigerung um 11%.

Das Jahr 2017 bringt einige Schwarze Schwäne mit sich. Nur sind diese schwarzen Schwäne mittlerweile Bestandteile der allgemeinen Wahrnehmung geworden und somit ist der negative Überraschungsfaktor signifikant gefallen. Unerwartete Wahlerfolge von rechten Parteien oder Referenda ermöglichen überdurchschnittliche Profite für den Short Seller. Halten Sie Ausschau nach solchen Möglichkeiten, aber denken Sie lieber an das noch Undenkbare wie zum Beispiel einen großen Banken-Kollaps oder einen Bailout in China, einen Handelskrieg zwischen China, Mexiko und den USA, eine überraschende Renminbi Abwertung, einen unerwarteten Krieg mit dem Iran, einen Schuldenverzicht in Griechenland oder einen Banken-Kollaps in der Türkei. Seien Sie skeptisch gegenüber „Meinungsforschern", Massenmedien, Politkern, Marktkommentatoren, Zentralbankern und anderen Mainstream-Meinungsbildnern. Diese Propaganda-Outlets sind oftmals konfliktbehaftet und haben meistens einen schlechten Track Record bei der Früherkennung von Investment-Blasen und bevorstehenden Crashs. Analysieren Sie selbstständig, suchen Sie konträre Meinungen, achten Sie dabei auf veritable Investment- Koryphäen, vor allem solche, die bisher in Baisse-Märkten sehr gut verdient haben: Stan Druckenmiller, George Soros, Kyle Bass und Jim Rogers.

2.5   Risikomanagement

Pair Trading ist eine Möglichkeit, um gewisse Marktrisiken einzugrenzen. Hier ist man long eine oder mehrere Positionen (Perlen) und short Schrott. Wenn der Markt steigt, laufen diese Werte kurzfristig mit dem Markt. Ein weiteres Tool, um Risiken zu reduzieren ist, dass man nicht sofort alles auf eine oder mehrere Karten setzt.

Ich bin oft bestens damit gefahren, meine Investment Positionen in zwei oder drei Stufen aufzubauen. Das liegt daran, dass es sehr schwer ist, den optimalen Einstieg zu finden. Zum Beispiel vermuteten wir im Juni 2015, dass die Deutsche Bank nicht ohne massive

Bußgeldstrafen aus dem US Mortgage-Debakel herauskommen würde. Uns war damals auch bewusst, dass ein potentieller Geldwäsche-Skandal in Russland drohte. Der Kurs stand im Juni 2015 bei 28 Euro und einige unserer Kontakte begannen, die Aktie leer zu verkaufen oder wie wir Trader sagen „anzufixen". Nur wenige Wochen später stieg die Aktie auf 32 Euro und die Short Seller verdoppelten ihre Position. Was hatte sich in einem Monat fundamental verändert? Nichts, außer dass der Kurs gestiegen war. Da diese Position zu diesem Zeitpunkt aber mit fünf Prozent der Investment Portfolios noch recht klein war, hat man die Short-Position nochmals verdoppelt, anstatt Verluste zu realisieren. Die Short-Position belief sich somit auf zehn Prozent des Investment Portfolios mit einem Einstandskurs von 30 Euro. Das war immer noch ein Verlust von sechs Prozent, aber noch weit von der Stop-Loss-Marke von 36 Euro (minus 20 Prozent) entfernt.

Ein anderer Trader wollte nicht nur short Deutsche Bank sein. Er meinte, der Gesamtmarkt könnte steigen und die Deutsche Bank nach oben mitziehen. Er war sich nicht sicher, ob das Desaster-Szenario bei der Deutschen Bank wirklich eintreten würde. Deswegen suchte sich dieser Trader eine vergleichbare große Universalbank, um sein Risiko beim Deutsche-Bank-Short abzusichern. Die Idee für diesen Trade war, JP Morgan (JPM)-Aktien zu kaufen; also eine gut geführte, hochprofitable Bank mit solidem Eigenkapital und die Deutsche Bank leer zu verkaufen; eine unprofitable, schlecht geführte Bank mit erheblichen Risiken. Fakt ist, dass beide Banken in dieser Phase Kursverluste erlitten, obwohl der Gesamtmarkt stabil war. Der reine Leerverkäufer verdiente zwar mehr als der Pair Trader, aber sein Risiko war höher.

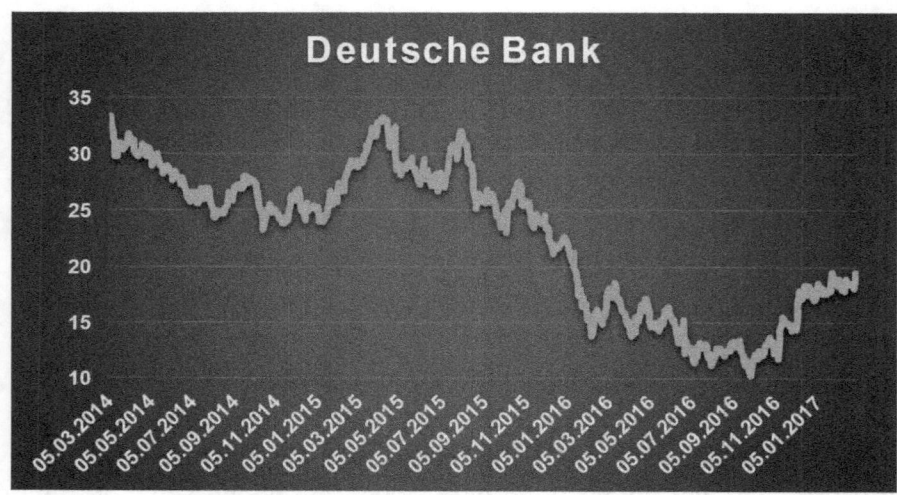

Abbildung 8: Drei-Jahres-Performance Deutsche Bank[9]

---

[9] Quelle: *http://www.finanzen.net/aktien/Deutsche_Bank-Aktie*

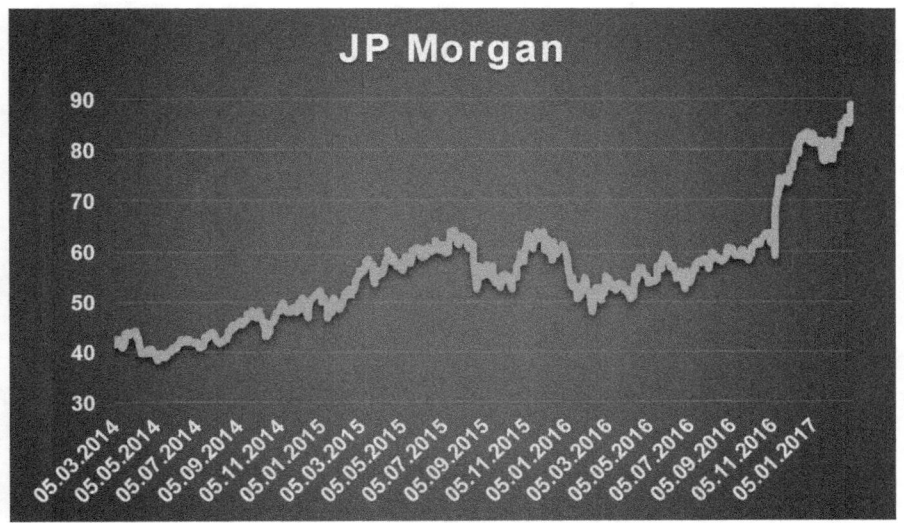

Abbildung 9: Drei-Jahres-Performance JP Morgan[10]

---

[10] Quelle: *http://www.finanzen.net/aktien/JPMorgan-Aktie*

DB (short) Kurs	32	26	19	15	13
JPM (long) Kurs	64	53	52	55	58
Performance DB (short)	0	19%	41%	53%	59%
Performance JPM (long)	0	-17%	-18%	-14%	-9%
Return Trader 1 (short only)	0	19%	41%	53%	59%
Return Trader 2	0	2%	23%	39%	50%

Nicht alle Pair Trades reduzieren das Risiko. Man kann mit einem schlechten Hedge auch das Risiko erhöhen, also auf der Long und der Short Position Geld verlieren. Oft sichern Leerverkäufer ihre Short-Position auch mit Index Futures ab. In diesem Fall wären auch Futures auf diverse Bank Indizes geeignet gewesen. Bei Futures kann man auch short gehen, aber das ist nur bei wenigen Aktien möglich. Generell ziehen wir vor, bei höchster Qualität long zu sein und Schrottwerte zu shorten. Mittelfristig und langfristig ist die Kursperformance der Qualitätsaktien (Wertschöpfer, *Value Creators*) wesentlich besser als die der Schrottwerte (Value Zerstörer, *Value Destroyer*). Im Englischen sagt man zwar „every dog has his day", aber prinzipiell sollten Sie sich als Long- Investor von den Aktien fern halten, die nicht nachhaltig Ihre Kapitalkosten (Eigen- und Fremdkapital) erwirtschaften. Das Timing ist extrem wichtig und man sollte *crowded trades* vermeiden, weil zu viele Profis, meistens zu viel besseren Kursen, bereits in diesen Trades positioniert sind.

2.6   Technische Analyse

Oft erreichen uns Anfragen zur technischen Analyse, gepaart mit der Frage, ob diese sinnvoll ist oder nicht. Diese Frage lässt sich pauschal nicht beantworten, da sie von mehreren Faktoren abhängig ist. Die technische Analyse, auch genannt Chartanalyse, ist eine rein statistische Analyse, bei der Fundamentaldaten der Unternehmen irrelevant sind und ignoriert werden. Basierend auf historischen Kursverläufen werden Trading-Entscheidungen gemacht. Eine Grundannahme bei diesem System ist, dass alle Informationen, die für den zukünftigen Kursverlauf nötig sind, in den historischen Werten enthalten sind. Primäres Ziel ist die Ermittlung des idealen Einstiegspunktes (*entry point*, Kauf) und des Ausstiegspunkts (*exit point*, Verkauf).

Eine weitere Annahme ist, dass sich die Geschichte wiederholt oder zumindest reimt. Das bedeutet, der Trader wird, wenn er ein Muster aus der Vergangenheit erkennt, sich in Antizipation dieses Ereignisses dementsprechend positionieren. Gerade weil eine Vielzahl von Tradern sich dieser Analysetechnik bedient, kann man der Chartanalyse eine Daseinsberechtigung zusprechen. Das Verhalten der Märkte wird durch das Verhalten der Menschen beeinflusst und wenn eine Vielzahl an Tradern den Mustern folgt, dann wird der Trend – zu einem gewissen Grad durch selbsterfüllende Prophezeiung – den Erwartungen folgen. Ein erfolgreicher Hedgefonds-Manager, der diese Analysetechnik erfolgreich anwendet, ist Paul Tudor Jones.

Nun ist es so, dass die technische Analyse eigentlich ein weitreichender Begriff ist. Dazu gehören das einfache „Charten", aber auch hochkomplexe mathematische Modelle oder automatisiertes Trading durch Algorithmen. Einer der erfolgreichsten Hedgefonds dieser Welt hat diesen Stil perfektioniert: Renaissance Technologies. Geführt von ausschließlich Nicht-Wirtschaftswissenschaftlern, ist der Fonds berühmt-berüchtigt für seine außerordentlich exzellente Performance, selbst in Krisenzeiten. Die Kernstrategie ist statistische Arbitrage. Renaissance sammelt einen unglaublichen Datensatz (Zeitungsartikel, Analyse- und Wetterberichte, Bilanzen etc.) und versucht, kurzfristige Preisentwicklungen zu antizipieren und von ihnen zu profitieren. Genauere Details sind nicht bekannt. Es ist für Sie als Privatanleger jedoch unmöglich, diesem Stil nachzueifern, da allein die Infrastruktur für diese Strategie derart komplex ist, dass Sie mit anderen Strategien besser fahren. Kurzum: Die technische Analyse kann, wenn Sie mit ihr umgehen können, Ihren Investmentstil ergänzen, aber als Ersatz für die Fundamentalanalyse ist sie nicht geeignet.

3 Ideenfindung

In diesem Kapitel kommen wir zum eigentlichen Herzstück dieses Handbuchs, die Ideenfindung. Grundsätzlich gilt: Jeder Leerverkauf ist einzigartig, aber oftmals werden Sie Parallelen zwischen einzelnen Shorts entdecken. Beachten Sie dennoch, dass sich die Geschichte nicht wiederholt, sondern reimt. Es liegt ganz bei Ihnen, Ihre ganz persönliche Short-Strategie zu entwickeln.

Es gibt Dutzende Aktien, die fallen und mindestens genauso viele, die steigen. Wichtig bei Leerverkäufen ist, wie in vorherigen Kapiteln bereits beschrieben, sich die Kandidaten auszusuchen, die bereits angezählt sind oder kurz davor. Noch besser, wenn der Markt diese Frösche für Prinzen hält. Im Folgenden werden wir ein Framework präsentieren, das Sie als Inspiration nutzen können, um solche Unternehmen zu identifizieren. Die Liste wurde nicht nach Wichtigkeit der Punkte geordnet, da diese von Sektor zu Sektor und Unternehmen und Unternehmen unterschiedlich sind.

Logischerweise betreffen die besten Leerverkäufe die Kandidaten, die sowohl in Markt-, Industrie- und Unternehmensanalyse schlecht bis sehr schlecht abschneiden. Ein „ungenügend" in der Fundamentalanalyse des Unternehmens allein reicht manchmal schon aus, vor allem, wenn es um einen Konkurs-Kandidaten geht. Um jedoch das Chancen-Risiko-Verhältnis zu maximieren, sollten alle drei Bereiche (Gesamtmarkt, Industrie, Unternehmen) rot aufleuchten. Prinzipiell lassen sich Leerverkäufe in vier Bereiche einordnen:

1. **Trash.** Das sind für uns marginale Marktteilnehmer. Nehmen wir Bremer Vulkan. Dieser Schiffsbauer produzierte Containerschiffe, aus technologischer Sicht ein Low-Tech-Produkt, das in vielen Schwellenländern deutlich günstiger produziert werden konnte. Um überleben zu können, gab es ständig Subventionen. Die Bilanz war hochgradig intransparent und selbst gute Analysten taten sich schwer, festzustellen, ob das Unternehmen

profitabel oder mit Verlust arbeitete. Das Unternehmen war dramatisch überschuldet und konnte nur mit großer Mühe seine Zinsen bedienen. Um zu überleben, setzte das Bremer Vulkan-Management alles auf eine Karte und stieg in die Produktion von Kreuzfahrtschiffen ein. Der Schwachpunkt war natürlich, dass ein Moped-Bauer nicht unbedingt Ferraris herstellen kann. Die Wette ging nicht auf und Bremer Vulkan rutschte nicht nur in die Pleite, sondern entpuppte sich als der größte Subventionsbetrug der deutschen Wirtschaftsgeschichte.

2. **Strukturelle Shorts.** Hierbei handelt es sich um Unternehmen mit substantiellen Problemen. Dazu gehören untragbare Geschäftsmodelle, Finanzierungsrisiken oder gefälschte Bilanzen. Meistens besteht hier ein Gewinnpotential von über 80% bis zu 100% (Insolvenz). Die Dauer der Leerverkaufsposition reicht von wenigen Monaten bis hin zu über einem Jahr.

3. **Taktische Shorts.** Leerverkäufe diese Art sind oftmals markttechnisch und nicht fundamental basiert. Dazu gehören *special situations* wie Spin-Offs, Insider-Verkäufe oder kurzfristige Entscheidungen mit mittelfristige Folgen für die Wirtschaft (z.B Brexit). Die Dauer dieser Shorts reichen von wenigen Tagen bis hin zu drei Monaten.

4. **Hedging Shorts.** Ein Hedgegeschäft wird eingegangen, um eine parallel laufende Transaktion abzusichern. Ziel ist, Markt- und Industrierisiko bestmöglich zu eliminieren. Beim sogenannten *Pair Trade* geht der Fundamentalinvestor im selben Sektor eine Long und Short Position ein und erwartet, dass die Long-Position sich besser entwickelt.

Der Short Seller ähnelt bei der Analyse dem Long-only Investor. Der Leerverkäufer muss das Geschäftsmodell, die Bilanz, die Treiber hinter dem Wachstum und den Sektor verstehen. Ein Unterschied ist jedoch die Suche nach *red flags*, also schwerwiegenden Problemen, die als Katalysator für eine Kurskorrektur oder gar Insolvenz dienen, die vom Markt noch nicht realisiert wurden. In Kapitel 3.3 wird genauer auf unternehmensspezifische Kennzahlen eingegangen.

Die Immobiliengesellschaft WCM war ein anderer Fall. Dieses Unternehmen hatte ein Vermögen in Commerzbank-Aktien investiert – auf Pump finanziert. Im Crash von 2000 bis 2002 fiel der Commerzbank Kurs von 250 auf 40 Euro. Auch andere stark finanzierte Wertpapiere erlitten schwere Kursverluste. Die WCM-Kreditgeber wollten ihr Geld zurück und der WCM Kurs implodierte um über 90 Prozent.[11] WCM und Bremer Vulkan sind für mich klare Fälle, dass man als Long Investor die Finger von extrem verschuldeten Firmen lassen sollte.

---

[11] Quelle: *https://regioblog-ostwuerttemberg.de/wirtschaft/wie-gewonnen-zerronnen/*

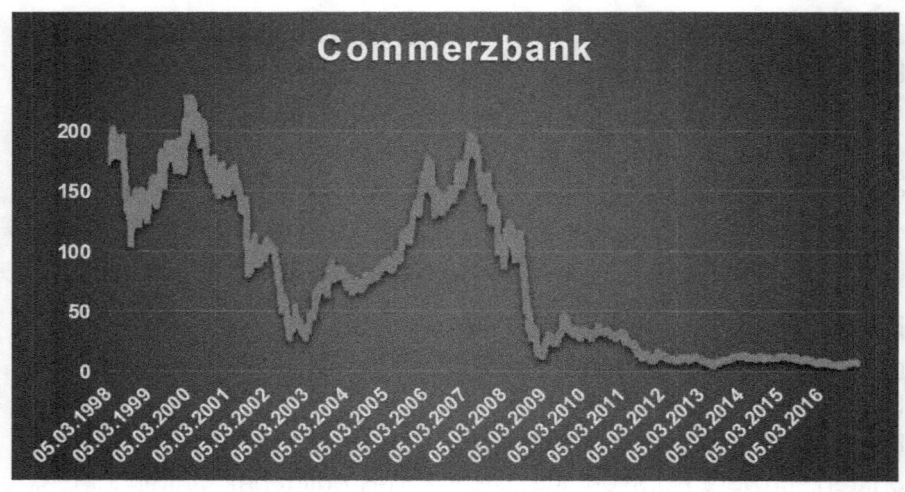

Abbildung 10: Kursentwicklungen Commerzbank seit 1998[12]

---

[12] Quelle: *http://www.finanzen.net/aktien/Commerzbank-Aktie*

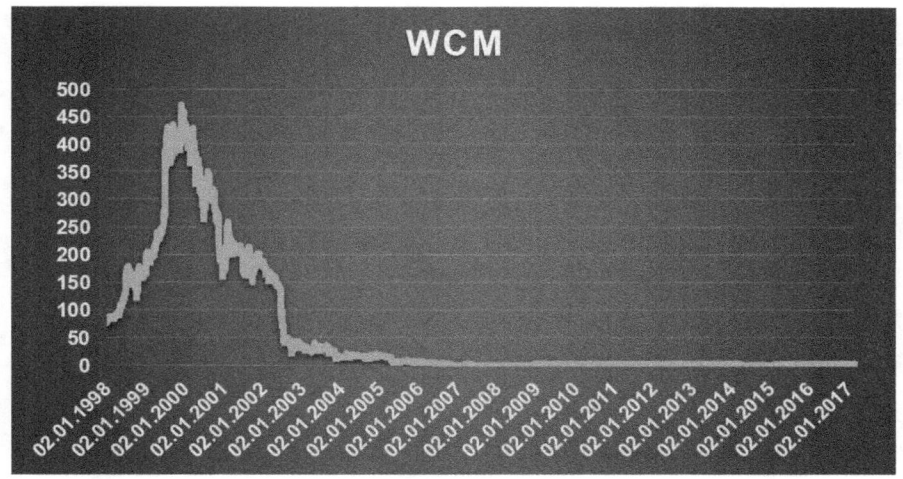

Abbildung 11: Kursentwicklung WCM AG seit 1998[13]

3.1 Gesamtmarktanalyse

Es ist sinnvoll, mit einer Makro-Analyse zu beginnen und dann Schritt für Schritt sich zu einzelnen Unternehmen „vorzuanalysieren". Ihr Ziel ist es, die Konsequenzen für verschiedene Industrien und Unternehmen durch makroökonomische Veränderungen früh zu antizipieren und sich dementsprechend zu positionieren.

---

13 Quelle: *http://www.finanzen.net/aktien/WCM_Beteiligungs-und_Grundbesitz-AG-Aktie*

Wir haben im Buch Endspiel die aktuelle Marktlage hinreichend analysiert und kommentiert, daher empfehlen wir Ihnen, sich diese durchzulesen. Um den Umfang dieses Buchs nicht zu überschreiten, werden wir uns auf einige wenige verlässliche Indizes fokussieren:

Buffett-Index. Benannt nach dem Investor Warren Buffett vergleicht dieser Index die Marktkapitalisierung der größten börsennotierten Unternehmen mit dem Bruttoinlandsprodukt (BIP). Dieser Index ist für uns einer der, wenn nicht sogar der wichtigste und zuverlässigste aller Indizes, empirisch bewiesen.

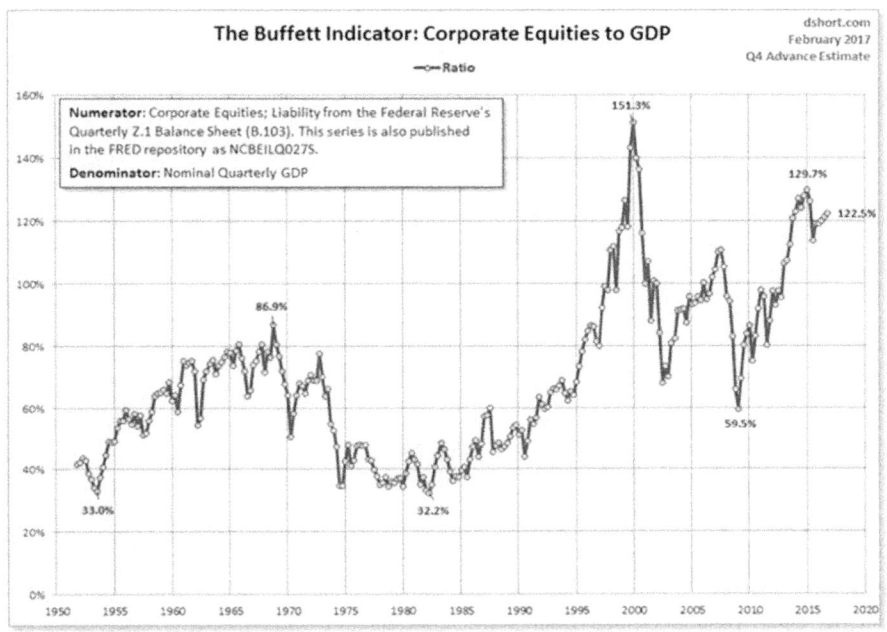

Abbildung 12: Buffet-Index im Februar 2017[14]

Shiller P/E Ratio. Ein Bewertungsmaß, um die zukünftige Rendite von Aktien einzuschätzen. Aufgrund seines historischen Erfolgs wird die Shiller P/E Ratio auch als Indikator für Börsencrashs gesehen. Berechnet wird die Ratio, indem der Aktienkurs eines Unternehmens durch die durchschnittlichen 10-Jahresgewinne – inflationsadjustiert – geteilt wird.

[14]   Quelle: *https://www.advisorperspectives.com/dshort/updates/2017/02/02/market-cap-to-gdp-an-updated-look-at-the-buffett-valuation-indicator*

Abbildung 13: Shiller P/E Ratio im Februar 2017[15]

Tobin's Q. Diese Kennzahl, auch genannt Kurs-Substanzwert-Verhältnis, wird ermittelt, indem der Marktwert eines Unternehmens durch den Wiederbeschaffungswert aller Vermögensgegenstände geteilt wird. Ist dieser Wert über 1, gilt das Unternehmen relativ zu seiner Bewertung als überbewertet. Ist der Wert unter 1, gilt das Unternehmen als unterbewertet und könnte daher Opfer einer feindlichen Übernahme oder einer M&A-Transaktion sein. Für Sie als Short Seller ist diese Kennzahl daher besonders wichtig.

---

[15] Quelle: *http://www.multpl.com/shiller-pe/*

Abbildung 14: Q-Ratio im Februar 2017[16]

Dividendenrendite. Die Dividendenrendite berechnet sich aus der Dividende pro Aktie geteilt durch den Kurs der Aktie. Der Wert schwebt knapp über seinem Allzeittief und deutet auf eine Vielzahl von Risiken hin. Long sollte der Investor sein bei hohen Dividendenrenditen und günstigen Kursen und short vice versa, natürlich in Kombination mit anderen Katalysatoren.

---

[16] Quelle: _https://www.advisorperspectives.com/dshort/updates/2017/02/01/the-q-ratio-and-market-valuation-january-update_

Verhältnis von Aktienperformance & FED-Bilanz. Die Börsen boomen, solange die Notenbanken fieberhaft Geld drucken (*quantitative easing*). Nach dem Ende von QE1, QE2 und QE3 sind die Kurse sofort gefallen, zuletzt in der Börsenkorrektur vom August 2015. Werden Gelddruck-Maßnahmen gestoppt und Zinsen erhöht, ist die Party schnell vorbei und die Wahrscheinlichkeit für eine Marktkorrektur steigt.

Abbildung 15: Verhältnis vom S&P 500 und QE[17]

---

[17] Quelle: *http://www.marketoracle.co.uk/Article43648.html*

Bloomberg Commodity Index (BCOM). Ein kaum beachteter Indikator für Börsenbaissen und frühzeitiges Signal für Wirtschaftsschwäche.

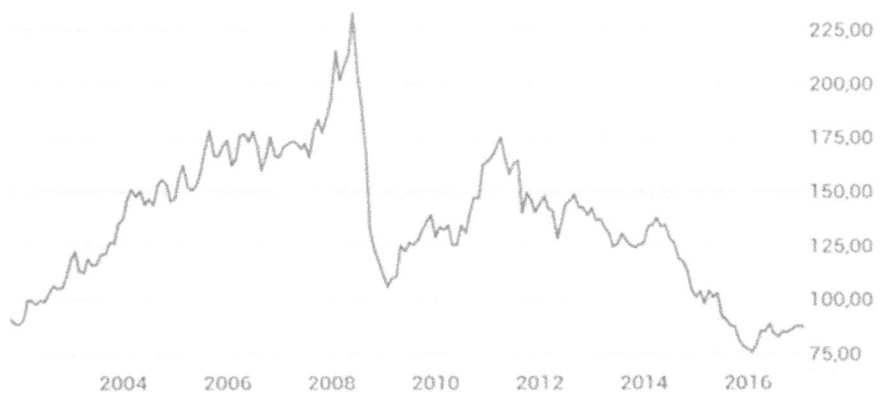

Abbildung 16: Bloomberg Commodity Index[18]

Baltic Dry Index (BDI). Wie der BCOM ein verlässlicher Index, der Veränderungen im Welthandel frühzeitig anzeigt. Die sieben eben genannten Indizes sind von enormer Wichtigkeit und deuten auf eine schwere Baisse hin. Die meisten Werte sind zeitlos und befinden sich – je nach Index – auf einem oder in der Nähe des Rekordhochs oder

---

[18]   Quelle: *https://www.finanzen100.de/index/bloomberg-commodity-index_H1383370404_28977268/*

-tiefs. Wir haben jedoch noch drei weitere ungewöhnliche, aber interessante Indikatoren, an die die meisten Marktteilnehmer nicht denken.

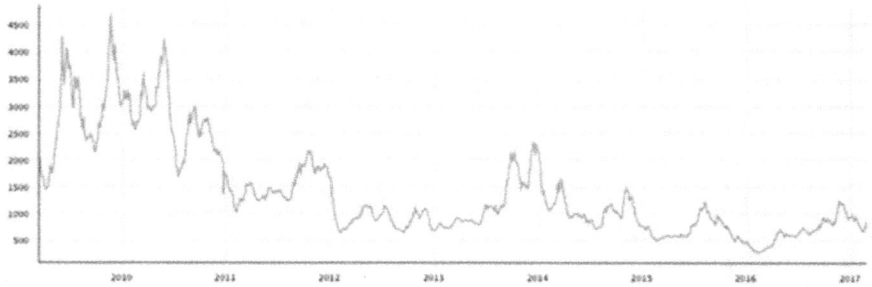

Abbildung 17: Baltic Dry Index[19]

Luxus-Indizes. Hierbei handelt es sich um eine Vielzahl an Indizes, die verschiedene Entwicklungen abbilden: Rekordverkäufe in Auktionshäusern, der Aktienkurs von Sotheby's, oder Industrien, in die Abgänger von Elite-Universitäten in Massen schwärmen (Startup- und Venture-Capital-Boom).

Skyscraper-Index. Sie werden lachen, aber diesen Index sollten Sie ernst nehmen. Es scheint einen Zusammenhang zwischen gigantischen Bauprojekten (z.B Jeddah Tower, Burj Khalifa, Sky Mile Tower) und Marktkorrekturen zu geben: Genau in der Phase, in der China plante, zahlreiche Hochhäuser zu bauen, kam es zu einer Korrektur von 40%.

---

[19] Quelle: *https://www.quandl.com/data/LLOYDS/BDI-Baltic-Dry-Index*

IQ-Index. Achten Sie auf Investoren, die jahrzehntelang eine hervorragende Performance – vor allem in Bärenmärkten – aufzuweisen haben: George Soros, Jim Rogers, Stanley Druckenmiller, Carl Icahn, Nassim Taleb und viele andere. Zwar sind diese Experten keine Propheten, allerdings ist ihr Wort ein Beitrag zum allgemeinen Sentiment.

Diese zehn Indizes dienen seit mehreren Jahrzehnten als verlässliche Bewertungskriterien für ein allgemein schwaches oder schwächelndes Börsenumfeld. Nun ist es aber so, dass fallende Kurse auch in Bullenmärkten auftreten. Es handelt sich hierbei um einzelne Unternehmen oder gar ganze Industrien, die Gegenstand des nächsten Teils werden.

3.2   Industrieanalyse

Bei der Industrieanalyse unterscheidet man grundsätzlich von allgemeinen und spezifischen KPIs (*Key Performance Indicator*). Zu den allgemeinen gehören:

Natur der Industrie. Um welchen Wirtschaftsbereich handelt es sich? Ist der Markt kapitalintensiv oder saisonabhängig?

Größe des Marktes. Handelt es sich um einen Nischenmarkt mit geringer Nachfrage oder einen Massenmarkt mit hoher Nachfrage?

Phase. Ist der Markt eine Neuheit, wachsend, ausgereift oder gar rückgängig? Besteht die Chance, dass der Markt in Zukunft gänzlich verschwindet?

Marktkonzentration. Wie viele Unternehmen teilen sich diesen Markt?

Wettbewerbssituation. Wie viel Marktmacht haben einzelne Teilnehmer des Marktes? Gibt es de facto Monopole oder Oligopole? Wie sind Produktdifferenzierung und Preisunterschiede zu bewerten?

Dynamik. Unterliegt der Markt regulatorischen Restriktionen? Wie verhalten sich Markteintrittsbarrieren oder Marktaustrittsbarrieren?

Neben allgemeinen Industrie-Kennzahlen hat jeder Sektor seine eigenen Kennzahlen. Eine Auswahl an KPIs ist im Folgenden aufgelistet:

Luftfahrt – Belegung der Sitze im Durchschnitt in %, Kosten pro Flugstunde, Rendite pro Sitz, Ölpreiskosten vor allem im Verhältnis zu den *Lowest Cost Producers,* Alter der Flotte.

Banken – Kreditausfallquote, Assets Under Management (AUM), Marktpenetration, Qualität der Vermögenswerte, Kundentreue, Eigenkapitalquote, Nettozinsmarge. Generell kauft man Bankaktien, wenn das Kreditvolumen stark steigt und die Kreditausfälle eine geringe Bedrohung darstellen. Investmentbanken sollte man schleunigst verkaufen, wenn sich IPO, M&A und Eigenhandelsgeschäft seit längerem auf Höchstständen befinden, wie zurzeit.

Hotels & Restaurants – Rendite pro verfügbarem Raum, Auslastung, durchschnittlicher Tagessatz; durchschnittliche Rechnung pro Gast. Hotels sind konjunkturanfällig. Lage und Entwicklung der geplanten Hotelzimmer in einer Region (Angebotsentwicklung).

Versicherung – Verhältnis von Forderung und Kosten, gesetzliche Rücklage, Qualität der Vermögenswerte, Zinsniveau und der Einfluss auf wichtigste Ertragsbringer, Vertriebskosten, Performance und Kompetenz im Investitionsbereich (siehe Warren Buffet und GEICO).

Medien & Telekommunikation – Durchschnittliche Rendite pro User, Nettoerhöhung der User, Preisverfall. Hier sollte man auch auf *Consumer Trends* achten. Zum Beispiel sehen immer weniger junge Menschen Fernsehen und wandern in andere Bereiche wie *YouTube, Netflix* ab. Das gleiche gilt für Printmedien. Es ist schwierig, sich drastischen Verschiebungen im Konsumverhalten zu entziehen.

High-Tech – Produktinnovation und Marktakzeptanz, Reaktionsfähigkeit auf neue Entwicklungen, Marktanteile. Hier muss man extrem achtsam sein, denn der Marktführer von heute ist recht oft der Absteiger von morgen. Apple versus Nokia. Apple und Microsoft versus IBM. Google versus AOL. *A never ending story.*

Industrie – Verhältnis von Aufträgen zum Umsatz, Kapazitätsauslastung, Umfang der Aufträge, unerfüllter Auftragsbestand. Performance dieser Unternehmen im zyklischen Abschwung, vor allem der Gewinnmargen. Diese Werte kauft am besten, wenn sie am Boden sind, aber nicht Pleite gehen werden.

Autos und Automobilzulieferer - Hier sollte man auf das durchschnittliche Alter der Gebrauchtwagen achten. Je älter desto interessanter. Je jünger, desto uninteressanter. Signifikante Trends wie zum Beispiel der Shift in Richtung Elektroautos und der damit verbundene Investitionsaufwand.

Immobilien – Belegung, Miete pro Quadratmeter, Kapitalisierungsrate. Muss man nicht unbedingt haben, wenn die Zinsen steigen. *Affordability ratio*: Wie ist das Verhältnis der Einkommen zum Immobilienpreis? Prämie oder Abschlag zum Liquidationswert (*net asset value*), Hochschreibungen, demographische Trends.

Energie & Bergbau – Produktions- und Förderkosten, Reserven, Reserven-Erneuerungsrate, Investitionsaufwand, Explorationserfolg, Nutzung und Kapazität der Raffinerie, Volumen der Reserven, Zyklizität.

Handel – Eröffnung und Schließung von Shops, Bestandsänderungen, erwartete Rendite pro neuem Shop, Kundenzufriedenheit und -loyalität, Ertrag pro Quadratmeter, Like-for-Like Umsatzentwicklung (Wachstum), Online-Konkurrenz.

3.3 Fundamentalanalyse

Für Leerverkäufe gibt es eine Vielzahl an fundamentalen Kriterien. Wir werden die wichtigsten von Ihnen hier auflisten.

Produkt: *Competitive Advantage(s)*, Investitionen in R&D (bisherig, gegenwärtig und zukünftig), Marketing, Skalierbarkeit, Kundentreue, Wechselkosten, Alternativ- und Konkurrenzprodukte, Patente, regulatorische Restriktionen

Kunden: Kundenkonzentration, internationale und nationale Verkäufe, Position des Unternehmens in der Wertschöpfungskette

Management: Track Record von *Key Men*, Vergangenheit von Managemententscheidungen, Wertschöpfung für Aktionäre, Allokation von Kapital, Reputation, Ethik, Eigentümerstruktur, Kompensation des Vorstandes, Insidertransaktionen (Käufe und Verkäufe)

Gefahren: Juristische Risiken, Produktzyklus und Alternativen, Wettbewerb, Regulierungsrisiken, strukturelle Änderungen im Geschäftsmodell, auslaufende Patente, sinkende Nachfrage für Kernprodukte

Andere Eigenschaften sind unter anderem:

- Stark überbewertet, auch im Branchenvergleich

- Zyklische Produkte, bei denen die Kaufentscheidung leicht verzögert werden kann

- Branchen, in denen regelmäßig ein brutaler Preiskampf stattfindet

- Geringe Gewinnmargen

- Hohe Zinsbelastung und Verschuldung

- Wenig Substanz und Eigenkapital

- Geschwächte oder allgemein schwache Position gegenüber Konkurrenten

- Wenig Preissetzungsmacht (*pricing power*) und sehr viel Wettbewerb

- Wenige oder keine positiven Alleinstellungsmerkmale

- Unternehmen mit enormen Nachteilen bei den Produktionskosten relativ zur Konkurrenz

- Transparente und unverständliche Bilanzen

- Liberale, freizügige Bilanzierungs-Praktiken

- Unternehmen mit hohem Erfolgsdruck („Hop oder Flop") durch Konkurrenz oder technologische Entwicklungen (z.B. Filmstudios oder Technologieunternehmen wie Atari, Nokia, Yahoo, America Online etc.)

- Signifikante Insider-Verkäufe

- Ein aus charttechnischer Sicht schlechtes Bild

- Deutliche Verschlechterung bei den Gewinnmargen, dem Auftragsbestand und den wichtigsten Bilanzrelationen

- Unternehmen in Branchen, die sehr krisenanfällig sind und kaum oder gar nicht ihre Kapitalkosten verdienen (z.B. Fluggesellschaften wie Lufthansa, marginale Autohersteller wie Fiat oder Stahlproduzenten wie Thyssen)

- Niedrige und unregelmäßige Dividenden bzw. schlechte Dividendenhistorie

4 Fallstudien

4.1 Aktien: Chemours

Die Chemours-Aktie haben wir deshalb ausgewählt, weil selbst professionelle Leerverkäufer falsch liegen können. Chemours war ein Spin-off von DuPont. Die Gesellschaft ist in hochgradig zyklischen Bereichen tätig, unter anderem in der Titandioxid-Produktion. Des Weiteren bestanden erhebliche juristische Risiken, die von einigen Analysten auf zwei bis drei Milliarden US-Dollar beziffert wurden. Die Gesellschaft war und bleibt extrem verschuldet. Zudem bilanzierte Chemours, zumindest in der Vergangenheit, äußerst kreativ. DuPont hat sich aus diesen Gründen in der Form eines Spin-Offs von diesem hässlichen Entlein getrennt.

Andrew Left von *Citron Research* hat über Chemours einen Research-Bericht veröffentlicht. Besitzen Sie durchschnittliches Schulenglisch, lesen Sie sich seinen Bericht zu Chemours durch:

http://www.citronresearch.com/wp-content/uploads/2016/06/cc-final-a.pdf

Die Kernthese der Citron Research Studie war, dass Chemours definitiv Pleite geht. Das wurde mir von allen Marktteilnehmern, außer Uli Hoeneß, bei der Sanierung von Borussia Dortmund auch mal attestiert. Aber Totgesagte leben nun einmal länger. Einige sollen sogar auferstanden sein. Bei Borussia Dortmund erholte sich der Aktienkurs nach der erfolgreichen Sanierung von 77 Eurocent auf 5,80.

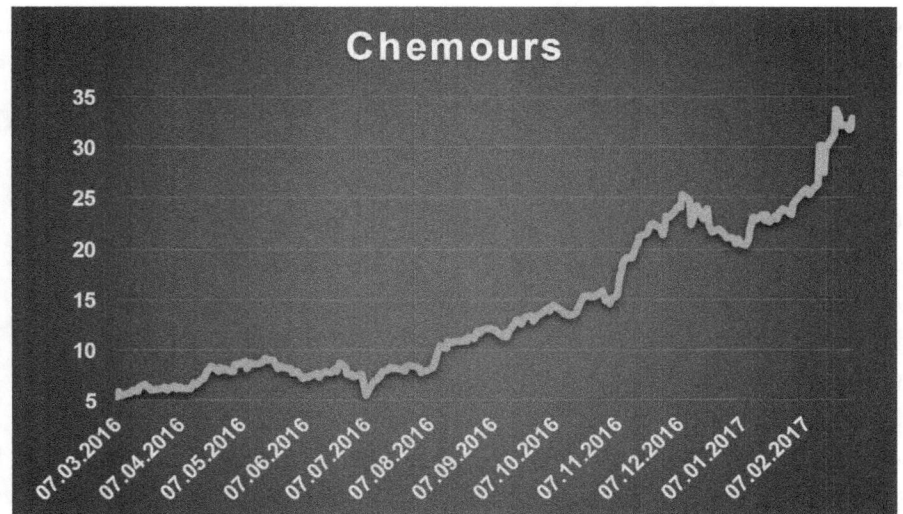

Abbildung 18: Kursentwicklung von Chemours in den letzten 12 Monaten[20]

Im August 2016 stand die Chemours-Aktie noch bei 6 Dollar, nachdem sie aufgrund der Short-Attacke um 25 Prozent gefallen ist. Danach hat sich die Aktie fast versechsfacht! Was ist passiert? Ein in den USA sehr bekannter Hedgefonds-Manager, David Einhorn, hat massiv Chemours-Aktien gekauft und auf eine Erholung der wesentlichen Industriesparten der Gesellschaften gesetzt. Das ist mittlerweile eingetreten. Auch bei den juristischen Risiken hat Einhorn besser recherchiert als Citron Research. Die Kosten belaufen sich auf „nur" ein paar Hundert Millionen US-Dollar, die sich DuPont und

---

[20] Quelle: *http://www.finanzen.net/aktien/The_Chemours-Aktie*

Chemours teilen. Chemours veräußerte außerdem eine ganze Division, um sich zu entschulden und die Preise für Titandioxid haben sich merklich erholt. Restrukturierungsmaßnahmen wurden eingeleitet und exemplarisch umgesetzt. Somit wurden die Kosten drastisch gesenkt und die Gewinne erhöht. Schulden wurden reduziert und ein Cashbestand aufgebaut. Das reicht aber noch lange nicht, um den Chemours-Kurs zu vervierfachen. Die Shortseller wurden mit dem Anstieg der Chemours-Aktie zertrümmert (*Short Squeeze*). Nicht nur David Einhorn und seine Firma Greenlight Capital haben massiv Aktien gekauft, sondern auch weitere Insider und das zu sehr niedrigen Preisen. Da wir davon ausgehen, dass diese Insider wesentlich mehr wissen als wir, haben wir uns von einer Short-Position von Anfang an distanziert.

Einhorn ist kompetent und erfolgreicher als Citron Research, er ist bestens dafür bekannt, dass er seine Hausaufgaben sehr gründlich macht (man bezeichnet ihn auch als „dean of short selling"). Generell halten wir nichts von Firmen, die sich wie Citron Research ausschließlich mit Leerverkäufen beschäftigen. Das führt letztlich zu einer negativen und einseitigen Betrachtung. Nicht anders sind jedoch die Leute, die wir als naive Perma-Bullen bezeichnen. Andererseits interessiert es mich schon, was diese Leute sagen, um die Short-Argumente besser zu verstehen.

Mittlerweile hat die Chemours-Aktie eine Bewertung erreicht, die wir trotz der superben Entwicklungen nicht mehr so recht nachvollziehen können. Vielleicht bekommen wir ja eine zweite Einstiegschance, um diesen zyklischen Wert anzufixen, vor allem wenn die Insider und David Einhorn ihre Bestände verkaufen (Einhorn hat seinen Bestand bereits reduziert). Auf dieses Signal müssen wir achten. Dann sollten wir auf Baisse setzen, aber nicht bevor wir unsere Hausaufgaben gemacht machen und neue Entwicklungen grundlegend analysiert haben.

Die Lektion dieser Geschichte: Bleiben Sie neutral, recherchieren Sie intensiv und achten Sie auf wesentliche preisbestimmende Faktoren. Noch wichtiger ist es, den Stop-Loss spätestens bei einem Verlust von 20 Prozent zu aktivieren, auch wenn das weh tut. Ich möchte nicht wissen, wie viele Short-Spekulanten bei Chemours mittlerweile Haus und Hof verzockt haben. Irgendwann werden sie sicherlich Recht haben, wenn sie nicht schon lange vorher Pleite gegangen sind.

4.2 Währungen: Yen

In *Endspiel* haben wir auf die eklatanten Risiken im Yen / USD Verhältnis hingewiesen. Für uns ist der Yen eine reine Ponzi-Währung. Der durchschnittliche Japaner ist 55 Jahre alt, eine verheerende Altersstruktur für jedes Land. Schon jetzt müssen drei Arbeiter einen Rentner bzw. Pflegefall durchfüttern. Zinskosten fressen mehr als die Hälfte der Steueraufnahmen auf. Die japanische Zentralbank arbeitet mit einem Hebelfaktor von circa 20.000 Prozent. Das bedeutet, die Verbindlichkeiten übersteigen das Eigenkapital um das Zweihundertfache. Wenn Sie das nicht verstehen, dann schauen Sie mal auf ihr Bankkonto und Wertschriften und multiplizieren diesen Betrag mal 200. Das wären dann Ihre Schulden, die Sie irgendwie zurückzahlen und bedienen müssen. Crazy! Das ist sechsmal mehr als Lehman Brothers vor der Pleite.

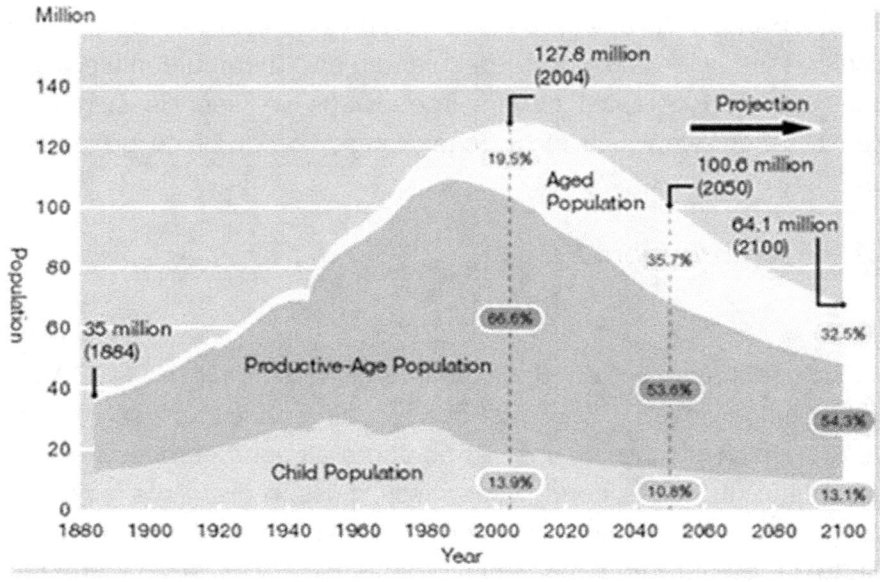

Million

Abbildung 19: Demographie Japans zwischen 1880 und 2100[21]

Immer weniger arbeitende Japaner müssen irgendwann diese eklatanten und ständig wachsenden Staatsschulden bedienen. Die Bevölkerung schrumpft von ca. 128 Millionen Einwohnern im Jahr 2003 auf 100 Millionen in den nächsten 33 Jahren. Die Japaner schaffen sich wortwörtlich ab. Seit Jahren gibt die japanische Regierung doppelt so viel aus, wie sie an Steuern einnimmt.

---

[21] Quelle: *https://socioecohistory.wordpress.com/2010/05/18/japan-the-sleeping-sovereign-debt-crisis-giant/*

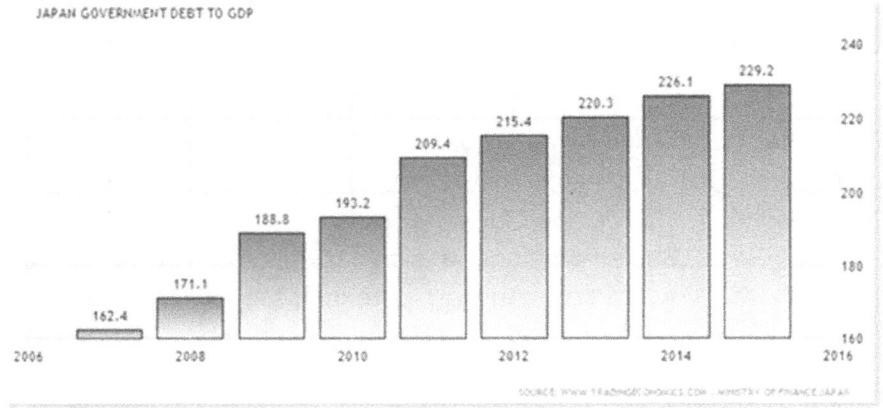

Abbildung 20: Verhältnis von japanischen Staatsschulden zum Bruttoinlandsprodukt[22]

Noch eklatanter ist die Staatsverschuldung im Verhältnis zum BIP (Bruttoinlandsprodukt) mit sagenhaften 229 Prozent. Selbst die de facto bankrotten Griechen bestechen mit einem Verschuldungsgrad von „nur" 160 Prozent. Argentinien ging mit schlappen 50% Pleite. Und die ehemals vorzüglichen japanischen Sparer haben mittlerweile eine geringere Sparquote als die konsumorientierten Amerikaner.

Dieser Trade hat sich noch nicht besonders gut ausgezahlt, aber wir würden wetten, dass der Yen vor dem USD kollabiert. Hier sollte man etwas Geduld mitbringen. Es könnte einige Jahre dauern.

----

[22] Quelle: *http://www.tradingeconomics.com/japan/government-debt-to-gdp*

4.3   Rohstoffe: Kobalt

Im Frühjahr 2016 haben wir Kobalt als äußerst attraktiven Rohstoff identifiziert. Das Downside-Risiko haben wir damals auf maximal 50% geschätzt, das Upside-Potential liegt zwischen 500-1.000% auf 5-Jahres-Basis. Seit einem Jahr hat sich der Preis nahezu verdoppelt mit nach wie vor starkem Aufwärtspotential. Wir werden unseren Analysebericht stark verkürzen und nur die wesentlichen Punkte nennen, warum ein weiterer Anstieg der Kobaltpreise sehr wahrscheinlich ist:

* Geopolitische Risiken in der Demokratischen Republik Kongo (DR Kongo) können die Versorgungssicherheit gefährden. Es gibt ein immenses Supply-Chain-Risiko durch Bürgerkriege, Rebellen und Korruption in der Demokratischen Republik Kongo. Wenn Minen beschlagnahmt oder Minenrechte widerrufen werden, wird es zu einem kurzfristigen Versorgungsengpass kommen. Es gab bereits einen Fall, nämlich als die DRK-Regierung die Lizenz von First Quantum Materials für das Kolwezi-Tailings-Projekt widerrief

* Übermäßige Abhängigkeit von DRK-Ressourcen unter Berücksichtigung der steigenden Nachfrage und des Mangels an Vorkommen außerhalb der DRK

* Kobalt wird zu 97% als Nebenprodukt produziert und ist daher mit der Produktion von Kupfer und Nickel verknüpft, zwei Elemente mit Überkapazitäten und depressiven Preisen. Wenn Unternehmen aufhören, Nickel und/oder Kupfer abzubauen, wird das Angebot an Kobalt deutlich sinken

- Mangelnde Infrastruktur, Menschenrechtsverletzungen und mangelnde Fachkräfte könnten zu internationalen Sanktionen oder Einschränkungen des DRK-Kobalts führen. Da viele "grüne Unternehmen" eine nachhaltige Umwelt als besonders wichtig erachten, erhöht dieses Problem den [sozialen] Druck auf das Supply Chain Management und erfordert die Rückverfolgbarkeit von Rohstoffen (Corporate Social Responsibility)

- Es gibt keine kurzfristigen Alternativen für die Kobaltproduktion. Jeder Endnutzer, der Kobalt ohne Leistungsverlust ersetzen kann, hat dies bereits getan. Besonders für Hochleistungsbatterien gehört Kobalt zum „must have"

- Die Regierung fördert die globale "grüne Bewegung" mit mehr Subventionen, was bedeutet, dass die Nachfrage nach EVs weiter steigen wird

- China ist der größte Kobaltraffineur. Im Falle von politischen Spannungen kann die chinesische Regierung ihre Kobaltexporte beschränken. Die USA und die EU sehen Kobalt als strategisches oder kritisches Metall an und sind beide stark vom Export abhängig. Obwohl die USA 15% ihres Kobaltkonsums recyceln, werden protektionistische Maßnahmen die Preise dramatisch beeinflussen

- Eine globale Wirtschaftskrise führt zu einem weiteren Abwärtsdruck auf Nickel- und Kupferpreise und somit zu einer Aussetzung des Abbaus, was zu Lieferengpässen führt

- Viele Explorationsprojekte sind fremdfinanziert. Eine Zahlungsverzug für Kredite kann den Abbau kurzfristig verzögern und folglich die Versorgung für einen kurzen Zeitraum verknappen

- Investoren-Hype-Risiko. Ähnlich wie bei Lithiumpreisen, kann ein Hype oder Manie zu einer kurzfristigen Explosion der Preise führen, unabhängig von den Fundamentaldaten

- Kobalt ist von größter Bedeutung für militärische Anwendungen. Es ist also ein „war play".

Nun ist Kobalt allein zwar ein sehr interessantes Investment mit einem exzellenten Chancen-Risiko-Verhältnis, aber es bleibt ein zyklisches Metall, das in der Vergangenheit mit dem Bruttoinlandsprodukt (BIP) stiegt oder fiel. Ein Investor könnte sich daher dafür entscheiden, das Downside-Risiko zu minimieren, indem er einen anderen Rohstoff als Pair Trade leerverkauft. Nun springt ein Rohstoff dabei besonders ins Auge: Kupfer. Da Kobalt zu 97% als Nebenprodukt von Nickel und Kupfer entsteht, gibt es einen Zusammenhang zwischen Angebot an Kobalt und Kupferpreisen. Sollte es zu einer Rezession oder Depression kommen, so werden in der Regel Bergbauaktivitäten eingestellt. Zwei Szenarien sind denkbar:

Kobalt ist von essentieller Bedeutung in militärischen und technischen Anwendungen. Daher beschließen Produzenten, weiter Kobalt und damit automatisch Nickel und Kupfer zu fördern. Dies hätte zwei Effekte. Ausreichend Kobalt wird produziert, um die Nachfrage zu decken. Gleichzeitig gerät Kupfer aber unter Preisdruck, da Überkapazitäten herrschen und in einer Rezession das Angebot die Nachfrage übersteigen wird. Kupfer ist aktuell ca. 85% über dem Preisniveau nach der Rezession 2008 und ist daher ein geeignetes Pair-Trade-Paar.

Es könnte aber auch dazu kommen, dass Produzenten sich entschließen, die Produktion herunterzufahren oder ganz stillzulegen. Dann würde es zu einem Angebotsmangel an Kobalt kommen, der die Preise in die Höhe schießen lässt. Kupferproduktionen werden heruntergefahren oder gänzlich stillgelegt, um einen Preissturz zu verhindern. Dadurch ist das Downside-Risiko bei Kupfer beschränkt, aber das Upside-Potential bei Kobalt höher. In beiden Szenarien wird der Investor aller Wahrscheinlichkeit nach als Gewinner hervorgehen.

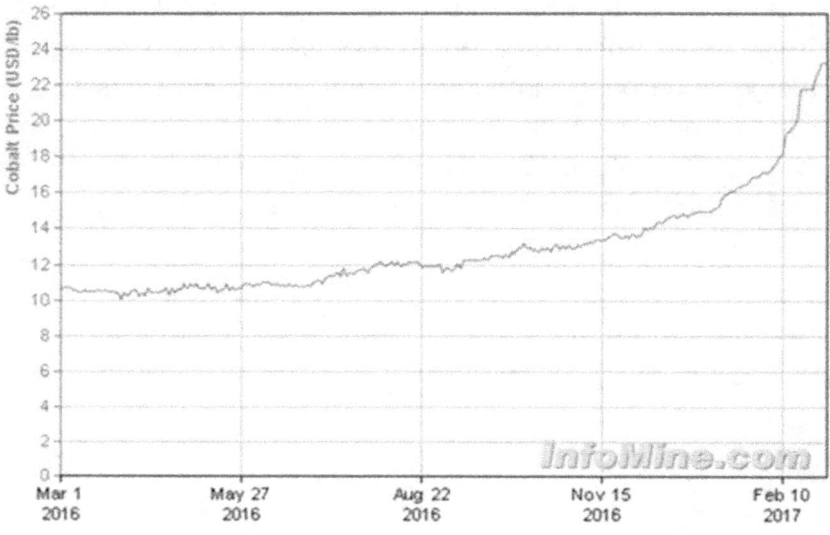

Abbildung 21: Preisentwicklung von Kobalt in den letzten zwölf Monaten[23]

---

[23] Quelle: *http://www.infomine.com/investment/metal-prices/cobalt/1-year/*

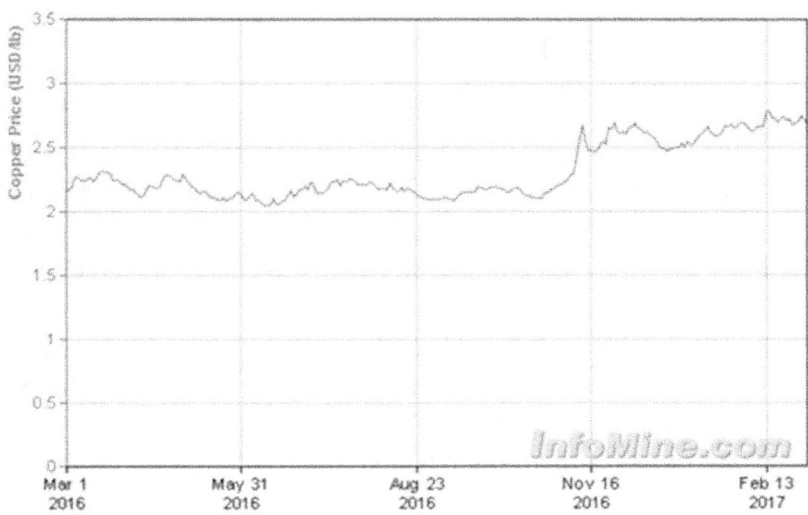

Abbildung 22: Preisentwicklung von Kupfer in den letzten zwölf Monaten[24]

[24] Quelle: *http://www.infomine.com/investment/metal-prices/copper/1-year/*

5 Nachwort: Reflexion und Ausblick 2017 bis Ende 2019 (März 2017)

Seitdem wir *Endspiel* geschrieben haben, hat sich einiges, was wir als sehr wahrscheinlich präsentiert haben, bewahrheitet. Donald Trump wurde Präsident der Vereinigten Staaten. Diverse Finanzinstitute wie zum Beispiel die Deutsche Bank, Credit Suisse und etliche italienische Banken erlitten massive Kursverluste, der Bloomberg Warentermin Index fiel auf ein 30-Jahres-Tief. Selbst der Yen und der Euro haben deutlich an Wert gegenüber dem US Dollar verloren. Der Goldpreis stieg zwischenzeitlich um 25% und Goldminenwerte legten im Schnitt circa 80 Prozent zu. Mit Short und Long Empfehlungen in einem Bullenmarkt durchschnittlich 50 Prozent zu erzielen ist ungewöhnlich, also keine ganz so schlechte Empfehlungsbilanz von unserer Seite.

In den nächsten zwei bis drei Jahren geht es ans Eingemachte, nämlich um Ihr Vermögen und Ihre wirtschaftliche Freiheit und Unabhängigkeit. Seit dem Erscheinen von Endspiel wurde beschlossen, den 500 Euro-Schein abzuschaffen. In Indien wurden Banknoten über 7 Euro als nichtig erklärt. In Schweden wird auf höchster Ebene über die Abschaffung des Bargelds debattiert. In Spanien, Italien, Griechenland und Frankreich wird es immer schwieriger, größere Summen bar abzuheben. In Portugal und Italien werden zum Teil absurde Steuern erhoben, wie zum Beispiel eine Weitblick- und Klimaanlagen-Steuer. Gehen Sie davon aus, dass Sie immer seltener mit Bargeld bezahlen können oder noch größere Summen bei Ihrer Bank in Bargeld abheben können. Das geht, innerhalb der EU nur noch in wenigen Ländern.

Die USA sind mittlerweile im 8. Jahr einer Wirtschaftsexpansion. Normalerweise dauert diese fünf bis maximal sieben Jahre an. Nur zweimal, seitdem diese Daten seit 1900 erhoben werden, gab es eine derart lange und positive Konjunkturphase. Beide Male war die Federal Reserve Bank mit Gelddruck-Maßnahmen dabei. Diesmal ist es wieder so, und diesmal ziehen alle wesentlichen Zentralbanken an derselben Schnur. Das Geld fällt förmlich vom Himmel, kommt aber bei denen an, die es am wenigsten benötigen: dem globalen Geldadel und den ohnehin Vermögenden. Die langatmige, sehr schwache und schön geredete Wirtschaftserholung überrascht uns keineswegs. Die Bevölkerungsstruktur belegt unmissverständlich eine drastisch alternde Gesellschaft in den wichtigsten Wirtschaftsregionen sowie eine ungesunde Verschuldung auf breiter Flur. Das billige Geld und die Geldvermehrung durch die Zentralbanken belebt die Konjunktur durch minimale Zinskosten künstlich. Das verlängert lediglich den Zyklus, führt aber letztendlich zu viel größeren Schäden, wenn die Exzesse der Vergangenheit bereinigt werden müssen.

Die Wahl Trumps bringt neue, wichtige Parameter in das Investment-Geschehen. Bei Trump sollte man auf keinen Fall darauf achten, was er sagt, sondern nur darauf, was er macht. Es ist wahrscheinlich, dass eine Steuerentlastung für Gesellschaften und Privathaushalte wirtschaftliche Impulse geben kann. Bankaktien haben sich seit der Wahl Trumps stark entwickelt. Das gleiche gilt für Rohstoffaktien, Öl- und Rohstoff-Werte sowie die Aktien von börsennotierten Gesellschaften, die Gefängnisse verwalten. Ob dieser Trump-Bonus an den US- und diversen internationalen Börsen weiter läuft, erachten wir als äußerst fragwürdig.

Bei derart massiven Steuerentlastungen wird das amerikanische Haushaltsdefizit massiv steigen, da größere nachhaltige Sparmaßnahmen derzeit nirgends erkennbar sind. Auch die amerikanische Schuldengrenze muss im März nach oben angepasst werden. Die Zinsentwicklung in den USA hat sich bereits auf diese Entwicklung zumindest teilweise eingestellt. Die Zinssätze für 30-jährige Hypotheken sind von 3 Prozent auf 4.3 Prozent gestiegen und die der 10-

jährigen Bundesanleihen von 1.3 Prozent auf über 2.5 Prozent. Bei einer exakten Analyse der Nachfrage und dem Angebot von Staatsanleihen ergibt sich kein besonders helles Bild. Die Zinsen sollten in den USA weiter steigen, weil steigende Defizite finanziert werden müssen bei gleichbleibender, aber eher fallender Nachfrage aus Europa und China. Dieser Trend verschärft sich in den nächsten Monaten und Quartalen.

Auffallend ist, dass Trump in den wichtigsten Wirtschaftsämtern noch keinen Experten ernannt hat und sich derzeit mehr mit Migrationsthemen beschäftigt. Auch Obamacare soll drastisch verändert werden. Zudem wird Mitte März die US Schuldenfalle zuschnappen. Mit derart vielen Nebenkriegsschauplätzen tippen wir, dass sich die angekündigten Steuerreformen sowie das Billionenschwere Infrastrukturprogramm erheblich verzögern werden. Leider ist der Markt derart hoch bewertet und hat diese Entwicklungen bereits in den Börsenkursen vorweggenommen. Für Enttäuschungen und signifikante zeitliche Verschiebungen gibt es wenig Spielraum.

Auch in Deutschland tut sich einiges. Zeitweise fielen große deutsche Immobilienwerte um 20 Prozent an der Börse. In dieser Zeit stieg der DAX Aktien-Index über 10 Prozent. Eine derartig schlechte Performance sollte man ernst nehmen und sich fragen, ob Immobilienwerte in Deutschland größtenteils ihr Potential ausgereizt haben. Dieser Trend der steigenden Zinsen könnte in Deutschland anhalten, da die amerikanische Zentralbank bereits jetzt von drei weiteren Zinserhöhungen im laufenden Jahr spricht. Ob sich die EZB noch etliche Jahre erfolgreich mit manipulativen Praktiken gegen diesen Trend stellen kann, ist fraglich. Unsere professionellsten Kunden sind seit Monaten short auf diverse Immobilienwerte und Anleihen und viele haben große Gewinne realisiert.

Mit Argusaugen achten wir auf Entwicklungen in China. Der rote Riese verschuldet sich mit einem atemberaubenden Tempo, um die Wirtschaft wieder auf Wachstumskurs zu halten. Mittlerweile fließen Billionen ins Ausland. Der Yuan oder Renminbi verliert ständig an Wert gegenüber dem US Dollar. China befindet sich in einem waghalsigen Vabanquespiel. Sie müssen die Geldflüsse ins Ausland bremsen, müssen einen Handelskrieg mit den USA vermeiden, ihre Verschuldung in den Griff bekommen und weiterhin die Wirtschaft ankurbeln. Die chinesische Währung sollte nicht zu viel gegenüber dem US Dollar verlieren, sonst läuft Trump mit Importsteuern Amok. **Wie soll das alles gut gehen?** In Europa kann die „Sozialisierung" (Vergemeinwirtschaftung) der Staatsschulden der Mitgliedsländer zu erheblichen latenten Bilanzrisiken führen. Die EU -Schulden sind zumindest teilweise Bestandteil der deutschen Zahlungsverpflichtungen geworden, auch wenn das kaum einer wahrhaben will. Wie würde sich ein Schuldenschnitt in Griechenland auf die Marktstimmung auswirken? Politisch ist ein Rechtsdrall erkennbar, und nicht nur in Italien gewinnen die EU- und Euro-Gegner an Macht.

Der Trump-Faktor beinhaltet inhärent eine gewisse Inflationsgefahr für Anleihen, die bei steigenden Zinsen auch Aktien Konkurrenz machen werden. Das gleiche gilt für erhöhte Einfuhrsteuern, die durch höhere Preise Konsumgüter verteuern könnten. Und wenn überhaupt noch jemand auf Fundamentaldaten achtet, sind die US Unternehmensgewinne seit acht Quartalen rückläufig, auch teilweise, weil der US Dollar gegenüber allen anderen wesentlichen Währungen aufgewertet wurde. Die Bilanzierungspraktiken in den USA und Europa sind mittlerweile so lasch, dass die ausgewiesenen Gewinne häufig 50 Prozent höher liegen als verlässliche US GAAP Zahlen.

Trump will die Regulierung im Bankwesen und beim Umweltministerium (*Environmental Protection Agency, EPA*) drastisch zurückfahren. Trump will die Einkommenssteuer für Firmen und Privatpersonen dramatisch reduzieren. Diese Maßnahmen haben fast immer eine positive Auswirkung auf das Wirtschaftsgeschehen, weil dadurch die Unternehmensgewinne steigen. Deswegen muss man dieses Thema auch ernst nehmen. Zumindest haben die US-Börsen, Rohstoffwerte und Bankaktien sehr positiv auf die angekündigten Trump-Maßnahmen reagiert und einiges durch markante Kurssprünge bereits vorweggenommen. Falls die Unternehmenssteuern tatsächlich auf 15 Prozent reduziert werden sollten, werden viele US Gesellschaften deutlich mehr verdienen. Aber unsere Analyse zeigt, dass der Steuersatz der zehn größten US Unternehmen ohnehin bereits nur 16 Prozent beträgt. Das sauber gerechnete US GAAP Kurs-Gewinn-Verhältnis (KGV) des *S&P 500 Aktienindex* liegt bereits bei schwindelerregenden 26.2. Die amerikanischen Inlandswerte werden im *Russell 2000 Index* abgebildet. Dort liegt das KGV auf US GAAP Basis bei über 200, eine absurde Bewertung. Selbst bei einer drastischen Steuersenkung läge das KGV immer noch bei 140. Das erinnert an den Nikkei Index der frühen 90er Jahre. Im Vergleich liegt das durchschnittliche KGV des deutschen Aktienindex DAX 30 für 2017 bei circa 15. Aber auch dieser optisch niedrig anmutende KGV ist im Verhältnis zur ehemaligen HGB Bewertung oder einer sauberen US GAAP Bewertung weniger aussagefähig. Alle relevanten und verlässlichen Investment-Parameter, wie der Buffet-Index, das Case Shiller PE, EV/EBITDA, EV/Buchwert signalisieren mittlerweile drastische historische Überbewertung.

Trotzdem könnte Trump durch eine markante Steuerreduzierung (bis zu 7.500 US-Dollar pro Haushalt) sowie einer Vereinfachung der amerikanischen Steuergesetze für die amerikanische Mittelschicht deutlich positive Wirtschaftswachstumsimpulse herbeiführen. Das ist aber nicht das, was die Milliardäre im Trump-Kabinett derzeit anstreben. Diese betuchten Herren wollen, dass circa 75 Prozent der Steuerentlastung dem reichsten einen Prozent der Amerikaner zukommen. Das würde wenig Zuwachs für die Gesamtwirtschaft bedeuten, aber die Nachfrage für Privatflugzeuge erhöhen. Das wird auf Widerstand stoßen. Auch die Mitglieder der *Tea Party* wollen niedrigere Steuern, aber nur wenn die Steuererlässe umsatzneutral sind und die Staatsschulden nicht weiter erhöht werden. Das ist extrem unwahrscheinlich und rein mathematisch unmöglich, da Trump den US-Militärhaushalt signifikant erhöhen will. Zudem sind laut David Stockman, ehemaliger Chef-Buchhalter und Kongressmitglied unter Ronald Reagan, weitere 10 Billionen Dollar Staatsschulden in den USA in den nächsten zehn Jahren vorprogrammiert. Ähnlich wie die Situation in China fragen wir uns, **wie soll das gehen ohne markante Volatilität an den Märkten zu erzeugen?**

Die wichtigste Frage ist aber, wie soll das alles bezahlt werden und welche Kompromisse muss Trump in Washington eingehen, damit seine Pläne umgesetzt werden können? Das amerikanische Haushaltdefizit könnte sich innerhalb von zwei Jahren auf eine Billion Dollar verdreifachen. Würden die Zinsen dann nicht auf fünf Prozent steigen und Anleihen attraktiver erscheinen als Aktien, die zurzeit mit weniger als zwei Prozent rentieren? Das Land, seine Bundesstaaten, die große Mehrzahl der Firmen und Haushalte sind bereits eklatant verschuldet. Im Kreditbereich der Automobilindustrie und bei den *Student Loans* gibt es bereits Entwicklungen, die an den überhitzten Immobilienmarkt von 2007 erinnern.

Wer soll die angesagten Infrastrukturprogramme und die Aufrüstung der US-Armee bezahlen? Ist eine Deregulierung der Finanzbranche wirklich sinnvoll oder erhöht man dadurch die Risiken eines erneuten Finanzdebakels? Werden sich Trump und seine Republikaner erinnern, dass sie sich im Wahlkampf offiziell für eine Neuversion des Glass-Steagall-Acts (Trennung der Banken in Investmentbank und Geschäftsbank) mit demokratischer Unterstützung ausgesprochen haben?

Insgesamt sehen wir keinen Grund, von unserer negativen Markt- und Wirtschaftsmeinung abzuweichen. Die Romanze der Börse mit Trump könnte von relativ kurzer Dauer sein. Demographisch verheerende Tendenzen in Großteilen Europas, in Japan und zunehmend in den USA und China sind wichtiger als das tägliche Techtelmechtel im Wirtschaft und Politik-Geschehen. Auch die Überschuldung der Firmen, Staaten und Zentralbanken ist noch eklatanter als vor einem Jahr. Über die Hälfte der US-Haushalte verfügt nicht einmal über die Mittel, eine kleine 500 Dollar-Autoreparatur aus vorhandenen Mitteln zu tätigen. Die Einkommen und Vermögen der Top 1% dagegen wachsen nahezu unaufhaltsam, während der Mittelstand und die Unterschicht den Geldadel finanziert und zunehmend verarmt. Das ist insgesamt kein gesunder wirtschaftlicher und politischer Cocktail.

Immer wieder vernehmen wir von unseren Kunden eine spürbare Existenzangst. Etliche Leser flüchten in Immobilien-Investments, andere kaufen Aktien, einige stocken ihre Golddepots auf. Ich möchte hier betonen, dass ein Dach über dem Kopf, exzellentes Wetter, ein Brunnen sowie ein Gemüse- und Obstgarten kein teures Investment sein müssen. Bei monatliche Kosten zwischen 200 und 400 Euro kann man unter gewissen Bedingungen in Teilen Europas recht gut leben. Das setzt aber den Besitz einer entsprechenden Immobilie voraus, die es ermöglicht, größtenteils autark und sehr kostengünstig zu leben. So etwas gibt es in Italien und in Teilen Spaniens. Mittlerweile kennen wir etliche Leser, die diesen Schritt bereits für Summen zwischen € 20.000 und € 100.000 umsetzen. Vor circa 15 Jahren lag der Preis dieser ländlichen Immobilen drei- bis sechsmal höher. Für uns ist so etwas ein richtiger Lifestyle und existenzieller Hedge.

Trotzdem spricht wenig dagegen, dass diverse Märkte wie der DAX oder der Eurostoxx 600 ihre alten Höchstwerte übertreffen. Aber wenn die peripheren Märkte steigen, die *small caps* performen und letztlich Otto Normalverbraucher wieder Aktien kauft, nachdem er eine 300-Prozent-Rally verpasst hat, dann sind wir in der Hausse sehr weit fortgeschritten. Das Wichtigste ist, dass es beim Investieren prinzipiell um die Ermittlung von Chancen-Risiko-Verhältnissen geht und diese stimmen uns negativ. Auch wenn die Märkte weitere 10 Prozent steigen sollten, gibt es mittelfristig ein Kursrisiko zwischen 30 und 60 Prozent. Die Parallelen zur Zeit der großen Depression unter der Regie von US-Präsident Herbert Hoover und die aktuelle Politik von Donald Trump regen zum Denken an. Deswegen haben wir zu diesem Thema auch ein Video veröffentlicht, dass Sie sich anschauen sollten:

https://www.youtube.com/watch?v=QeABcgmSkM8

In diesem Jahr rechnen wir einerseits mit weiteren Höchstständen im DAX, aber auch mit der einen oder anderen Korrektur. Dann werden Investoren nochmals diese Korrekturen kaufen (*buying the dips*), weil das bisher 64mal seit 2009 funktioniert hat. Bis Ende 2019 erwarten wir mit 70-prozentiger Wahrscheinlichkeit einen Crash oder mit einer 30-prozentigen Chance eine langatmige japanische Wirtschaftssklerose.

Lehnen Sie sich einfach zurück und beachten Sie das Marktgeschehen objektiv. Wenn Sie leerverkaufen, dann fangen sie gemächlich und überlegt damit an. Circa 40 Prozent der US-Börsenvolumina bestehen derzeit aus M&A Transaktionen und Aktienrückkauf-Programmen. Falls Trump eine Steueramnestie für US Unternehmen durchsetzt, die erhebliche Barmittel im Ausland halten, dann könnte sich dieses M&A Fieber und die Share buyback Manie noch länger halten.

Der größte Aktienindex, der S&P 500, boomt, gefolgt durch die amerikanischen Small Cap Werte. Dann streben die europäischen Aktien ihre alten Höchststände an, obwohl das wirtschaftliche und politische

Umfeld schwer belastet ist. Letztlich ist der Eurostoxx 600 um einiges günstiger als der S&P 500. Selbst Emerging Markets performen wieder sehr gut und Junk Bond Anleihen werden fieberhaft gekauft. Jetzt fehlen nur noch die Privatanleger, die die 300 Prozent Rally verpasst haben und in der Krise 2008 /2009 mit schweren Wunden ausgestiegen sind. Die klassische Rotation an den Börsen ist nahezu perfekt. Das ist ein erstklassiges Szenario, um bei dieser weit entwickelten Top Formatio, selektiv Baisse-Positionen aufzubauen. Dann kommt das Endspiel! Wie immer.

Außerdem arbeiten wir aktuell an einem Börsenbrief-Projekt, welches kritisch orientierten Investoren erlauben sollte, die kommende Krise finanziell zu überstehen, eventuell sogar davon zu profitieren. Mehr dazu werden wir in den kommenden Monaten auf unseren Webseiten:

http://www.diezweitemeinung.eu

http://www.florianhomm.org

bekannt geben. Das wahrscheinliche Erscheinungsdatum ist das 4. Quartal des laufenden Jahres. Also besuchen Sie regelmäßig unsere Homepage. Schicken Sie uns eine E-Mail, falls Sie an einem Investment Coaching oder unserem Börsenbrief interessiert sind:

fh@diezweitemeinung.eu.

Regelmäßig finden Sie Marktkommentare sowie Beiträge zu diversen anderen Themen auf meinem YouTube-Kanal:

https://www.youtube.com/channel/UC9lq-yi4q3lsnSEXltzpqcQ

Wir wünschen Ihnen bei Ihren Investments und Ihrer Krisenvorbereitung viel Erfolg. Investieren Sie weiter in Ihr Wissen, und glauben Sie bitte nicht alles, was Ihnen Politiker, Staatsökonomen, Zentralbanker und selbsternannte Investmentprofis weismachen wollen. Diese Menschen verfügen insgesamt über eine äußerst schlechte Leistungsbilanz beim Erkennen von Wirtschaftsblasen und Investmentkrisen. Wir sehen diese Bullen-Markt-Apostel primär als konfliktbehaftete, aber zuverlässige Kontra-Indikatoren. Achten Sie vor allem in diesem Investmentklima auf das Chancen-Risiko-Verhältnis bei jedem Aktieninvestment.

Wir wünschen Ihnen viel Erfolg, beste Gesundheit und Erfüllung.

6   Appendix A: Die Lage in Bildern

Im Folgenden werden wir Ihnen noch vier weitere Grafiken präsentieren, die zu einem großen Teil selbsterklärend sind. Die Grafiken zeigen eine Vielzahl an Missständen in unserer Gesellschaft auf und dienen dazu, Ihnen zu veranschaulichen, in welcher Lage wir uns befinden.

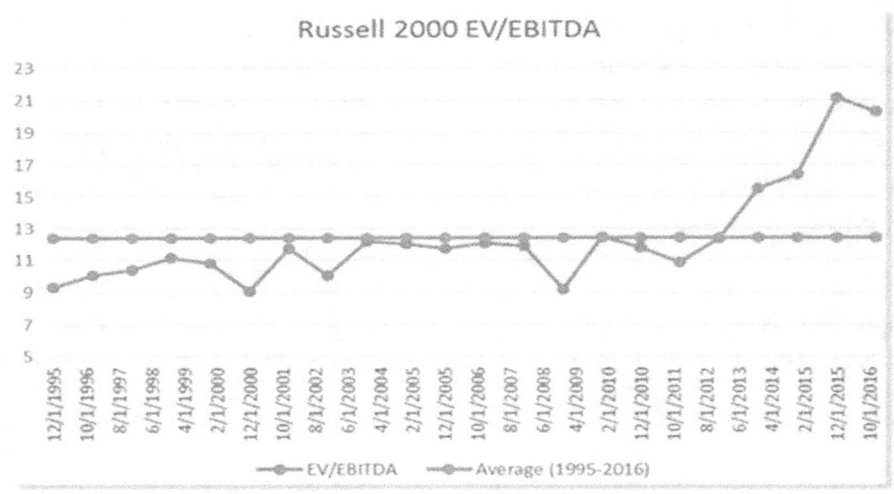

Abbildung 23: Der Russell 2000 EV/EBITDA₂₅

---

25 Der Russell 2000 ist ein Small Cap Aktienindex. Dieser wird aktuell bei unglaublichen Höchstwerten gehandelt (230 mal (!) dem ausgewiesenen Gewinn). Das langfristige Verhältnis Unternehmenswert (Enterprise Value) und EBITDA (Gewinn vor Zinsen, Steuern und Abschreibungen) liegt im historischen Vergleich bei etwa 12. Aktuell liegt diese Ratio bei etwa 20, also mehr als 60% über dem langfristigen Durchschnitt. Daraus ergibt sich ein Crash-Potenzial von etwa 40% - in noch dramatischeren Worten könnte dies einer der größten Börsencrashs der letzten 100 Jahre werden. Quelle: _http://csinvesting.org/2016/12/14/performance-panic/_

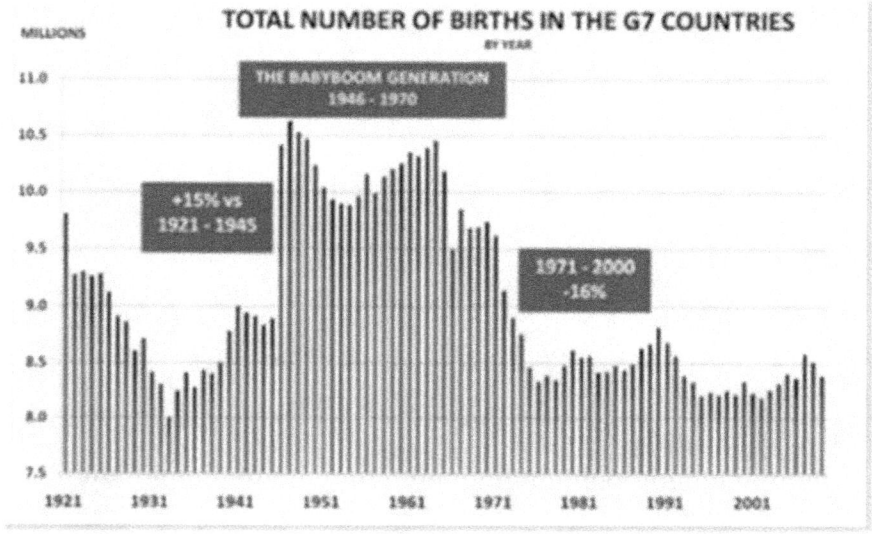

Abbildung 24: Die Geburtenraten nach dem Zweiten Weltkrieg. 26

---

26 Diese Grafik zeigt einen deutlichen Anstieg der Geburtenraten nach dem Zweiten Weltkrieg. Die Babyboomer haben signifikant zum Wirtschaftswachstum beigetragen. Weil diese nun zunehmend altern und ihren Konsum reduzieren, wird die Nachfrage zwangsläufig schwinden. Die Lebenserwartung der Babyboomer sind im Durchschnitt höher als das ihrer Eltern und Großeltern, ergo mit fatalen Folgen für das Gesundheitssystem, das gigantischen Kosten ausgesetzt ist. Es sollte kein Zweifel daran bestehen, dass die Babyboomer sich in Zukunft auf ihre Altersvorsorge konzentrieren und Konsumprodukte vernachlässigen werden. Durch fieberhaftes Gelddrucken künstlich die Nachfrage zu befeuern, ist definitiv keine nachhaltige Lösung. Quelle: *http://www.new-normal.com/wp-content/uploads/2013/02/Boom-Gloom-and-the-New-Normal.pdf*

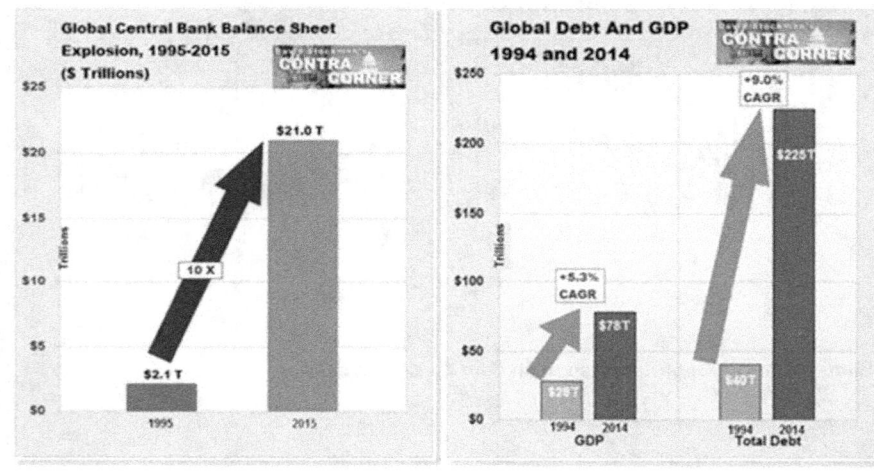

Abbildung 25: Balance Sheet of Global Central Bank and Global Debt and GDP27

---

27 Wie Sie vermutlich schon wissen, sind Zentralbanken auf der ganzen Welt dazu in der Lage, beliebig viel Geld zu drucken. In der Fachsprache spricht man von quantitativer Lockerung (*quantitative easing*). Zwischen 1995 und 2015 hat die Geldmenge sich etwa verzehnfacht. Zwischen 1994 und 2014 stieg das Bruttoinlandsprodukt der Welt um jährlich 5.3% (von 28 auf 78 Billionen US Dollar), während sich im selben Zeitraum die Schulden mehr als verfünffachten (CAGR: 9%). Unter keinen Umständen werden diese Schulden jemals bedient werden können. Eine Entschuldung durch massive Gelderhöhung hat fatale Auswirkungen auf den Sparer, denn es folgt eine Geldentwertung. Beide Grafiken sind eine Bankrotterklärung für Zentralbanker. Quelle: *http://davidstockmanscontracorner.com/wp-content/uploads/2015/09/Capture20.png* und Quelle: *http://davidstockmanscontracorner.com/wp-content/uploads/2015/09/Capture14.png*

7   Appendix B: Über die Autoren

Florian Homm

Dr. h.c. Florian Homm, MBA (geboren 1959) gehört zu Deutschlands bekanntesten Fondsmanagern. Er ist Absolvent des *Harvard College* '82 *cum laude* und begann seine Karriere bei Merrill Lynch in den Bereichen Investmentbanking, Securities Research und Sales. Nach Abschluss der *Harvard Business School* '87 arbeitete er als Analyst und Fondsmanager bei *Fidelity Management and Research* sowie als Direktor und Leiter des Bereiches Institutionelles Asset Management *bei Bank Julius Bär* AG. Bei *Tweedy Browne* war Homm geschäftsführender Gesellschafter in Europa. Von 1993 bis 2001 war Homm Gründer und Vorstandsvorsitzender der *Value Management and Research AG* (Börse Frankfurt) und von 2002 bis 2007 Gründer und *Chief Investment Officer* der ACMH Gruppe (Börse London und Frankfurt).

Florian Homm verfügt über vier Jahrzehnte Erfahrung als Nostro-Händler, Venture Capitalist, Investor, Hedgefonds-Manager, Serienunternehmer und Investmentbanker.

Homm spricht sechs Sprachen, ist ehemaliger Botschafter und UNESCO Delegierter, ehemals Basketball Junioren Nationalspieler und wurde einem breiten Publikum durch die erfolgreiche Sanierung des BVB bekannt.

Sein Track Record beruht zu einem erheblichen Teil auf exzellenter Performance in Krisenjahren und ist bestens dokumentiert. Im Laufe seiner Karriere erhielt Homm eine Vielzahl an Auszeichnungen, unter anderem:

- No. 1 Germany Fund 2002-2004 (3 years)   Finanzen

- No. 1 European Hedge Fund 1994   HFR, HFI

- No. 1 European Hedge Fund 2002   HFR, HFI

- No. 1 European Hedge Fund 2005   HFR, HFI
- No. 1 US Specialty Fund 1988,   Lipper, Fidelity
- No. 1 1990 Top European Equity Fund   BJB
- No. 1 1994 - 1997 European Equity Pension Fund AAA Foundation
- No. 1 Best Hedge Fund Group, 2006   Hedge Fund Rev.
- No. 1 European Event Driven Fund, 2005   Eurohedge
- No. 1 Risk Adjusted Long/Short Fund 2005   Barclay Group
- No. 1 Germany Fund over 1, 2 and 3 years, 2004   Micropal
- No. 1 European Long Short Fund, 2002   HFI

Heute ist er für die *DIE ZWEITE MEINUNG GmbH* im Bereich Investmentcoaching tätig. Florian Homm ist praktizierender Christ und engagiert sich neben seiner beruflichen Tätigkeit für karitative Zwecke. Er ist Autor mehrerer Bücher unter anderem die Spiegel Bestseller Kopf Geld Jagd und Endspiel.

Gublan D. Dag

Gublan D. Dag arbeitete mit Florian Homm an einer Vielzahl von Projekten, unter anderem dem Bestseller Endspiel. Gublan absolvierte mehrere Begabtenakademien in Europa und ein Praktikum an einer führenden Forschungsinstitution in Deutschland.

Florian Müller

Florian Müller ist seit ein paar Jahren in der Hochfinanz tätig. Mittlerweile hat er einen eigenen Blog: www.boerseneinmaleins.de und hat mehrere Einführungsbücher zur Börse für Anfänger geschrieben.

8   Appendix C: Glossar

Absolute Capital Management Holding (ACMH) — Eine 2001 von Florian Homm gegründete Hedgefondsgesellschaft mit Sitz auf den Cayman-Inseln

Aktie — Anteil an einer Aktiengesellschaft (AG), die durch Ausgabe von Anteilsscheinen Kapital beschafft

Anleihe — Verzinsliches Wertpapier, das der Kapitalbeschaffung für Unternehmen oder Staaten dient

Babyboomer — Mensch, der in den Jahren mit hohen Geburtenraten (1945 bis 1964) geboren wurde

Baissier — Person, die auf fallende Kurse spekuliert

Bruttoinlandsprodukt (BIP) — Wert aller in einem Land erbrachten Wirtschaftsleistungen (Waren und Dienstleistungen) in einer Periode (in der Regel ein Jahr)

Cashflow — Differenz der Einnahmen und Ausgaben; Geldzufluss innerhalb eines Zeitraums

Deutscher Aktienindex (DAX) — Börsenverzeichnis mit den 30 größten und umsatzstärksten Unternehmen in Deutschland, die an der Frankfurter Börse notiert sind

Depotbank — Kreditinstitut, das Wertpapiere verwahrt und verwaltet

Depression — Absturz der wirtschaftlichen Gesamtentwicklung durch steigende Arbeitslosigkeit, sinkende Einkommen, fallende Preise sowie Rückgang des Sozialprodukts

Derivat — Finanzprodukt, das aus einem Basisinstrument (zum Beispiel Aktie) abgeleitet wird und von dessen (Preis-)Entwicklung abhängig ist; Beispiele für Derivate sind Optionen, Futures, Zertifikate etc.

Dividende — Anteil des Gewinns, den eine Aktiengesellschaft an ihre Aktionäre auszahlt

Emittent — Institution oder Person, die Wertpapiere in Form von Aktien, Anleihen oder Optionen ausgibt

Enterprise Value — Wert eines Unternehmens, unabhängig von seiner Finanzierung; Summe aus Marktkapitalisierung und Schulden minus des „sauberen" Cashbestands

Exchange Traded Fund (ETF) — An einer Börse gehandelter Investmentfonds

Haussier — Person, die auf steigende Kurse spekuliert

Hedgefonds — Investmentfonds, der in Bezug auf die Anlagepolitik weniger gesetzlicher Regulation unterliegt

Klumpenrisiken — Anhäufung von Ausfallrisiken durch mangelnde Risikostreuung

Leerverkauf (short sale) — Verkauf von Wertpapieren wie zum Beispiel Aktien, Anleihen etc. auf Leihbasis, über die der Verkäufer/Spekulant zum Verkaufszeitpunkt nicht verfügt

Liquidität — Fähigkeit eines Unternehmens, Zahlungsverpflichtungen durch flüssige Mittel, wie Bargeld, jederzeit fristgerecht nachzukommen

New Economy — Bezeichnung für einen aufstrebenden Wirtschaftszweig, welcher stark durch informationstechnologiebasierte Produkte geprägt wird; Gegenpol zur Old Economy, die auf Warenproduktion ausgerichtet ist

Nikkei 225 — Japanischer Aktienindex, bestehend aus den 225 der bedeutendsten Aktien (Pendant zum DAX); gleichzeitig wichtigster Aktienindex Asiens

Option — Finanzinstrumente beziehungsweise Derivate; mit dem Kauf einer Option erwirbt der Käufer das Recht, diese Option (zum Beispiel eine Aktie) zu einem vorher festgelegten Preis zu einem bestimmten späteren Zeitpunkt zu kaufen (Call) oder zu verkaufen (Put)

Portfolio — Zusammenfassung beziehungsweise Gesamtheit des Vermögens und der Investition einer Person oder eines Unternehmens, bestehend aus verschiedenen Werten, zum Beispiel Immobilien, Aktien etc.

Restrukturierung — Prozesse und Maßnahmen zur Verbesserung, Umgestaltung und Wiederherstellung angeschlagener Unternehmen

Rendite (Return) — Erwirtschafteter Ertrag, den ein Investment abwirft; stellt das Verhältnis zwischen eingezahltem und ausgezahltem Kapital dar

Rezession — Konjunkturphase, in welche das Wirtschaftswachstum stagnierende oder rückläufige Zahlen aufweist; Vorstufe einer Depression

Rückstellungen — Höhe und Fälligkeit der Verbindlichkeiten eines Unternehmens, welche noch ungewiss sind

S&P 500 (Standard & Poor's 500) — Neben Dow-Jones wichtigster US-amerikanischer Aktienindex, welcher die 500 größten börsennotierten amerikanischen Unternehmen umfasst

Schwarzer Schwan (Black Swan) — Unvorhergesehenes und höchst unwahrscheinliches Ereignis, welches (wirtschaftliche) Entwicklungen maßgeblich beeinflusst

Spin-Off — Ausgliederung eines bestehenden Teils eines Unternehmens als eigenständige Firma; im Gegenzug erhalten Aktionäre Aktien des neuen Unternehmens gratis oder das Recht, diese zu kaufen

Track Record — Beschreibt eine individuelle chronologische Auflistung und Referenz über die Erfolge von getätigten Investitionen eines Investors, Managers etc.

„Too big to fail" („Zu groß, um zu scheitern") — Bezeichnung von systemrelevanten Unternehmen, primär Finanzinstituten und Banken, deren Insolvenz nicht hinnehmbar ist

Value Investing (Wertorientiertes Anlegen) — Anlagestrategie, bei der ein Investor die Aktie eines Unternehmens unter oder über ihrem Realwert kauft oder verkauft

Venture Capital (Risiko- beziehungsweise Wagniskapital) — Form der Unternehmensfinanzierung beziehungsweise Unternehmensbeteiligung mit sehr hohem Risiko, welche nicht an der Börse handelbar ist; Fokus der Investition liegt auf Unternehmen, welche sich in der Gründungs- beziehungsweise Startphase befinden.

Verbindlichkeit — Verpflichtungen beziehungsweise Schulden eines Unternehmens gegenüber Dritten; im Gegensatz zu Rückstellungen sind Höhe und Fälligkeit der Verbindlichkeiten bekannt

Volatilität — Maß, um Kursschwankungen innerhalb eines Zeitraums anzugeben

Voll investiert — Beschreibung für einen Fonds, der sein gesamtes Kapital oder einen Großteil in Wertpapiere investiert hat

www.ingramcontent.com/pod-product-compliance
Lightning Source LLC
Chambersburg PA
CBHW051339170526
45166CB00002B/885